Silke Müller-Lehmann · Lerncoach sein!

Silke Müller-Lehmann

Lerncoach sein!

Lehrkräfte begleiten Schülerinnen und Schüler in heterogenen Lerngruppen

BELTZ

Silke Müller-Lehmann (M.A. Bildungsforschung) ist Realschullehrerin an einer Gemeinschaftsschule und Referentin am Zentrum für Schulqualität und Lehrerbildung (ZSL) Baden-Württemberg. Sie ist Expertin für Lerncoaching von Schülerinnen und Schülern in der Schule durch Lehrkräfte und forscht in einem partizipativ angelegten Forschungsprojekt an einer Gemeinschaftsschule in Baden-Württemberg

MIX
Papier aus verantwortungsvollen Quellen
FSC® C089473

Dieses Buch ist erhältlich als:
ISBN 978-3-407-25786-4 Print
ISBN 978-3-407-25828-1 E-Book (PDF)

1. Auflage 2019

in der Verlagsgruppe Beltz · Weinheim Basel
Werderstraße 10, 69469 Weinheim

Layout/Reihenkonzept: glas ag, Seeheim-Jugenheim
Umschlaggestaltung: Michael Matl
Umschlagabbildung: © gettyimages/ Steve Debenport

Satz und Herstellung: Victoria Larson
Druck und Bindung: Beltz Grafische Betriebe, Bad Langensalza
Printed in Germany

Weitere Informationen zu unseren Autoren und Titeln finden Sie unter: www.beltz.de

Inhalt

Einleitung

»Es wird niemals Früchte regnen.
Wenn wir mehr Früchte wollen,
müssen wir Bäume pflanzen.«

George Eliot (1819-1880),
eigentlich Mary Ann Evens,
englische Schriftstellerin

Im Bildungssystem findet momentan ein bedeutsamer Wandel statt, der Veränderungen auf allen Ebenen des Systems mit sich bringt (vgl. Hellmer; Wittek 2013, S. 9 f.). Die Heterogenität der Lerngruppen hat in *allen* Schularten zugenommen und vielfach sind neue integrative Schularten in den verschiedenen Bundesländern entstanden. Die Heterogenität wird in der Pädagogik in ihren vielfältigen Dimensionen im Sinne einer pluralistischen und demokratischen Gesellschaft zunehmend anerkannt und bejaht – eine ›Schule der Vielfalt‹ wird mittlerweile als Bereicherung des Lernens gesehen.

Damit verbunden ist der Paradigmenwechsel »from teaching to learning« (Niemi 2009), der den Blick auf den Lernprozess der einzelnen Lernenden richtet. Mit diesem Blick auf das Individuum wird die Hoffnung auf Demokratisierung und Humanisierung der Schule verbunden, die die Schulentwicklung vieler Schulen antreibt: In immer mehr Schulen werden neue innovative Unterrichtskonzepte entwickelt, damit wird mit individualisierenden, aber auch mit kooperativen Lernformen auf die Vielfalt der Schüler(innen) reagiert. Gleichzeitig werden neue Medien in den Lernweg der Schüler(innen) eingebunden – die Digitalisierung ist nun auch in den Klassenzimmern angekommen.

Diese Wandlungsprozesse bedeuten für Lehrende aller Schularten eine enorme Herausforderung hinsichtlich ihrer Professionalität. Die Heterogenität wird damit als Herausforderung, teilweise sogar als Bedrohung wahrgenommen. Dies ist nicht verwunderlich, wenn wir uns vor Augen halten, dass die meisten Lehrenden während ihrer Ausbildung weder an der Hochschule noch im Referendariat darauf vorbereitet wurden, wie sie das Lernen in heterogenen Lerngruppen im Zeitalter der Digitalisierung gestalten können.

Das vorliegende Buch möchte Mut machen, neue Wege in der Schulentwicklung zu gehen. Ich bin zutiefst davon überzeugt, dass die Praxis von *Lerncoaching* ein Gewinn für Schülerinnen und Schüler und auch für Lehrkräfte bedeutet. Die Arbeit mit dem einzelnen Schüler und der einzelnen Schülerin trägt zu einer Professionalisierung von Lehrenden und damit zu deren Zufriedenheit bei. Gleichzeitig kann *Lerncoaching* einen Beitrag zu einer Schule der Vielfalt und somit einen Beitrag zur Humanisierung der Schule leisten.

Lerncoaching von Schüler(inne)n durch Lehrkräfte ist ein sehr junges und innovatives pädagogisches Handlungskonzept. Es wurde und wird für die Begleitung von Schülerinnen und Schülern in besonders heterogenen Lerngruppen von Lehrenden in der Praxis und für die Schulpraxis (weiter)entwickelt. Dies sind Lehrkräfte, die daran glauben, dass gute Innovationen in der Schule nicht nur zu besseren Leistungen der Schülerinnen und Schüler führen, sondern auch zu Bildungsgerechtigkeit und zum Wohlbefinden aller in der Schule beitragen.

Zu Beginn werde ich in diesem Buch auf die gewachsene Heterogenität an Schulen eingehen. Dabei werde ich verdeutlichen, welche Chance Lerncoaching für die Bewältigung dieser Herausforderung bedeutet und die Einführung von Lerncoaching in integrierten Schularten als pädagogisches Organisationselement begründen. Gleichzeitig werde ich darlegen, welches Lerncoaching-Konzept dem *Lerncoaching durch Lehrende in der Schule* zugrunde liegt.

Anschließend soll Lerncoaching ausführlich mit Hilfe der Theorie von Coaching und Beratung in der Schule begründet werden, um schließlich auf die Ziele sowie die Organisation von Coaching in der Schule einzugehen. Die Bedeutung von Lerncoaching für Lehrkräfte als Chance ihre Professionalisierung in heterogenen Lerngruppen wird anhand von Ergebnissen eines eigenen Praxisforschungsprojektes dargestellt. Weiterhin wird Lerncoaching als Element einer Beziehungspädagogik thematisiert. Hierbei wird deutlich: Wenn Lehrkräfte die gewachsene Heterogenität an Schulen als Entwicklungsaufgabe anzunehmen vermögen, können sie die Heterogenität schließlich als Bereicherung für das Lernen in einer Schule der Vielfalt anerkennen. Dazu kann Lerncoaching einen Beitrag leisten. Die Entwicklungsaufgaben, die sich durch Lerncoaching für Bildungspolitik, für die Lehrerausbildung sowie die Lehrerfortbildung, aber auch für die Bildungswissenschaften ergeben, sollen das Buch abschließen.

Alle Ausführungen in diesem Buch fußen auf einer vertieften wissenschaftlichen und praktischen Auseinandersetzung mit dem Thema Lerncoaching in der Schule. Sie gründen auf Erfahrungen durch die Arbeit als Lerncoach in einer Gemeinschafsschule sowie auf eigenen Forschungsarbeiten der Jahre 2014 bis 2016. In einem partizipativ angelegten Praxisforschungsprojekt, das an einer Gemeinschaftsschule Baden-Württembergs durchgeführt wurde, konnten sowohl Erkenntnisse zur Professionalität von Lehrkräften durch Lerncoaching gewonnen werden als auch das Coachingkonzept der Schule weiterentwickelt werden.

Die teilnehmenden Lehrkräfte kommen in diesem Buch immer wieder zu Wort und sollen damit zu einer praxisnahen Einschätzung von Lerncoaching aus Sicht von Lehrenden beitragen.

1 Heterogenität an Schulen – Lerncoaching als Chance für die professionelle Bewältigung einer Herausforderung

»Wer die Vielfalt negiert, weil er glaubt,
individualisierter Unterricht sei
nicht realisierbar,
der hat als Pädagoge kapituliert,
damit die Vielfalt unter den Kindern
aber nicht aus der Welt geschaffen.«

Remo Largo, Kinderarzt und Autor

Lerncoaching wird durch private Bildungs- und Nachhilfeinstitute angeboten, um Lernschwierigkeiten, so genannte »Lernblockaden«, von Schülerinnen und Schülern oder auch Auszubildenden zu überwinden. Es gibt im Internet Angebote zur Weiterbildung zum Lerncoach – kurzum: Lerncoaching ist ›in‹ und es lässt sich Geld damit verdienen. *Lerncoaching* wird sogar mittlerweile als Modewort wahrgenommen.

»Coaching ist für mich ein sehr wichtiger Teil unserer Arbeit – genau genommen das Kernstück.«
(Realschullehrer, der an einer Gemeinschaftsschule Lerncoaching praktiziert)

Das vorliegende Buch versteht Lerncoaching hingegen als professionelle pädagogische Arbeit von Lehrerinnen und Lehrern mit der einzelnen Schülerin bzw. dem einzelnen Schüler. Lerncoaching wird als begleitende pädagogische Beratung von Schülerinnen und Schülern bei ihrer (Lern)Entwicklung durch Lehrkräfte in der Schule verstanden, welche als wichtige Form erzieherischen und bildenden Handelns gefasst werden kann.

Im Mittelpunkt von Lerncoaching steht dabei das Lerncoachinggespräch, das *jede* Schülerin und *jeder* Schüler mit einer Lehrkraft führt. Dieses findet in regelmäßig wiederkehrenden Abständen statt und kann als Einzelgespräch oder als Gruppengespräch organisiert sein. Jeder Schüler und jede Schülerin hat dabei eine Lehrkraft als festen Lerncoach zugeordnet, der ihn oder sie über einen längeren Zeitraum – meist über mehrere Schuljahre – in der persönlichen Lernentwicklung begleitet. Das Konzept des

Lerncoachings durch Lehrkräfte im begleitendenden Beratungsverständnis geht auf Waldemar Pallasch und Uwe Hameyer zurück (vgl. Pallasch; Hameyer 2012, S. 102).

Im deutschsprachigen Raum wird mittlerweile in verschiedenen Schularten Coaching von Schüler(inne)n durch Lehrkräfte praktiziert. In der integrierten Schulart Gemeinschaftsschule Baden-Württembergs regelt seit 2012 eine Verordnung zum Lerncoaching, dass jeder Schülerin und jedem Schüler eine Lehrkraft als Lerncoach zugeordnet wird (vgl. Rux 2016, 373); in den Gemeinschaftsschulen Berlins wird das Lerncoachinggespräch *Lernprozessberatung* genannt (vgl. Wittek 2013, S. 316). Auch in den Berufsschulen Niedersachsens (vgl. Laake 2012), in den Neuen Mittelschulen Österreichs (vgl. Perkhofer-Czapek; Potzmann 2016) oder in den Ganztagesschulen Hessens (vgl. Serviceagentur Ganztägig Lernen Hessen o. J.) findet Lerncoaching im Sinne des begleitenden Beratens statt. Das Zürcher Ressourcen-Modell gibt Anregung zur Verwirklichung von Gruppencoaching, wie es an Gemeinschaftsschulen umgesetzt wird (vgl. Storch; Krause 2003, siehe auch Landesinstitut für Schulentwicklung 2014, S. 23). Die Aufzählung ist nicht vollständig – vielmehr wächst das Interesse an Lerncoaching in Schulen stetig.

Auch nicht integrierte Schularten, wie die Realschulen, und immer mehr Gymnasien führen Lerncoaching als pädagogisches Handlungskonzept ein. Die Begründung für die Einführung des innovativen pädagogischen Instruments ist allen Schulen gemein: Lerncoaching bietet die Möglichkeit einer pädagogischen Antwort auf die wachsende Heterogenität der Lerngruppen in allen Schulen – die einzelne Schülerin bzw. der einzelne Schüler wird von einer Lehrkraft individuell pädagogisch begleitet.

Coaching in der Schule ermöglicht also in erster Linie Zeit und Raum für die pädagogische Arbeit der Lehrkraft mit jedem *einzelnen* Schüler bzw. jeder *einzelnen* Schülerin. Das Praktizieren von Lerncoaching hilft damit der Lehrkraft die professionelle Balance zwischen dem gemeinsamen Lernen in der Gruppe und der individuellen Begleitung der Schüler(in) auszutarieren.

Das vorliegende Buch möchte den Gewinn des Lerncoachings für die professionelle pädagogische Arbeit von Lehrerinnen und Lehrern in heterogenen Lerngruppen in den Fokus rücken.

Lehrerinnen und Lehrer, die an einem Praxisforschungsprojekt zum Thema Lerncoaching und Lehrkräfteprofessionalität 2014 bis 2016 an einer Gemeinschaftsschule Baden-Württembergs teilnahmen, sehen im Lerncoaching in erster Linie Zeit und Raum für die Arbeit an der Beziehung zur Schülerin oder zum Schüler. Dieses Ergebnis erscheint zunächst erstaunlich. Wenn wir uns aber verdeutlichen, dass als entscheidende Variable gelingender Unterrichtsprozesse eine gute Beziehung zwischen Schülerinnen und Schülern zu ihren Lehrkräften gesehen wird (vgl. Hattie 2015, S. 7, S. 141 f.), ist dieses Ergebnis nicht mehr erstaunlich, vielmehr bemerkenswert. Die erwähnten Lehrkräfte des Praxisforschungsprojektes arbeiten teilweise seit mehreren Jahren mit einer Schülerin oder einem Schüler an deren Lern(Entwicklung) im Lerncoaching.

Begleitende, regelmäßige Lerncoachinggespräche schaffen im besten Falle ein verlässliches Vertrauensverhältnis – also eine stabile Beziehung. Die Möglichkeit zur Arbeit an der Beziehungsgestaltung zwischen Lehrkraft und Schülerin bzw. Schüler, die durch das Lerncoaching ermöglicht wird, erfordert eine professionelle Haltung als Pädagoge oder Pädagogin (vgl. Kuhl et al. 2014, S. 117 f.).

1.1 Heterogenität – Herausforderung für Lehrkräfte

Gesellschaftliche Entwicklungen wie der demographische Wandel, Migrationsbewegungen, die Abwahl der Haupt- und Werkrealschulen durch die Eltern sowie die Anmeldung bisher sonderschulisch beschulter Kinder in den Regelschulen – also Inklusion – führ(t)en zu Wandlungsprozessen, die es nicht mehr möglich machen, über die wachsende Heterogenität der Lerngruppen in *allen* Schularten hinwegzusehen (vgl. Landesinstitut für Schulentwicklung 2015, S. 101). Mittlerweile wird die Heterogenität von Wissenschaftler(inne)n, Politiker(inne)n, aber besonders von Lehrenden als zentrale Herausforderung des Bildungssystems wahrgenommen.

Für Lehrkräfte *aller* Schularten, insbesondere aber für Lehrerinnen und Lehrer integrierter Schularten – wie der Grundschulen, aber auch der in den letzten Jahren neu entstandenen Schularten der Sekundarstufe, bedeutet der produktive Umgang mit Heterogenität einen enormen Anspruch in Bezug auf ihre Professionalität und kann als *die* zentrale Entwicklungsaufgabe ihrer Berufsbiographie bestimmt werden (vgl. Forschungsgruppe WissGem 2016, S. 73; Wittek 2013, S. 70 f.).

Konzeptionell reagieren Lehrkräfte auf die Heterogenität im Klassenzimmer mit der Öffnung des Unterrichts, mit Differenzierung, Individualisierung sowie adaptiven Lehr- und Lernformen. Hinzu kommen Unterrichtskonzeptionen, die selbstorganisiertes Lernen und kooperatives Lernen in den Vordergrund stellen. Dabei wird mittlerweile in der Schulpädagogik angenommen, dass weniger die Konzeption selbst, vielmehr deren Umsetzung durch die Lehrkraft den entscheidenden Beitrag zur Qualität des Unterrichts leistet (vgl. Bohl 2013, S. 247). Der Lehrkraft kommt also eine bedeutende Rolle zu, wie auch Befunde mehrerer Meta-Studien zeigen (vgl. Hattie 2015, s. a. Terhart 2011b, S. 285).

Aufgrund der veränderten Unterrichtskonzeptionen ergeben sich damit grundlegende Veränderungen für die benötigten Kompetenzen der Lehrenden. Lehrkräfte müssen in Bezug auf ihr Rollenverständnis weiter- bzw. ausgebildet werden. Die Lernberatung und Lernbegleitung, die Fähigkeit zur Diagnose sowie der Ausbau des Methodenrepertoires von Lehrkräften müssen dabei bedacht werden (vgl. Kunze; Solzbacher 2010, S. 332).

Es werden also gleich zwei offene Aufgabenfelder der Lehrerprofessionalisierung deutlich: Die veränderten Anforderungen bedeuten einen enormen Anspruch hinsichtlich der Lehreraus- und -fortbildung. Darüber hinaus wird ein weiterer Punkt hinsichtlich der Professionalisierung relevant: Wenn sich die Unterrichtskonzeptionen grundlegend ändern, muss sich *auch* die pädagogische Haltung der Lehrkräfte ändern. Das Rollenverständnis einer Lehrkraft geht mit einer Änderung der sog. *Attidudes und Beliefs* einher – dem Wandel des Rollenverständnisses vom Wissensvermittler zum Lernbegleiter (vgl. Heinrich et al. 2013; S. 85 f.). Denn die gewachsene Heterogenität stellt erst dann ein Problem für Lehrende dar, wenn der Blickwinkel auf den einzelnen Schüler oder die einzelne Schülerin verändert wird. Der Erziehungswissenschaftler Ewald Terhart stellt dazu fest:

> »Oberflächlich gesehen ist es natürlich möglich, aus Schülern gleichen Lebensalters Klassen bzw. aufeinander aufbauende Jahrgangsstufen zu bilden, und faktisch ist es möglich, alle Schüler zwangsweise nach dem 10. Lebensjahr auf zwei, drei oder vier unterschiedliche Schulformen zu verteilen. Das erzeugt allerdings nur eine eher *formale Homogenität* an der Oberfläche [...]. Wenn einem diese oberflächliche Homogenisierung ausreicht, ja wenn Schule explizit darauf angelegt ist, ein Lehrplanpensum zu bewältigen und Schüler danach zu beurteilen, wie diese das vorgegebene Pensum bewältigen – dann gibt es eigentlich für die *Schule* kein Problem; das Problem das *Schüler* damit haben, ist dann kein Problem, das sich diese Schule zu eigen machen muss. Denn in einem solchen Kontext ist die je besondere Individualität der Schüler belanglos: man hält es für richtig, gerade *nicht* auf sie einzugehen! Das Problem der Heterogenität taucht erst auf, wenn man den Blick auf die Individualität der Kinder überhaupt zulässt [...].« (Terhart 2010a, S. 95, Hervorhebungen im Original)

Durch ihre Studie zum Handeln von Lehrkräften im individualisierten Unterricht verdeutlicht Miriam Hellrung, dass das Selbstverständnis der Lehrenden als Unterstützer oder Unterstützerin von Lernprozessen, also ein gelingender Rollenwechsel hin zum Selbstkonzept als Lernbegleiterin oder Lernbegleiter, eine geringere Belastung für die Lehrkräfte im Transformationsprozess zu einer heterogeneren Schule bedeutet (vgl. Bastian; Hellrung 2011, S. 9). Gleichzeitig ist aber die Lehrkraft weiterhin nicht *ausschließlich* Lernbegleitung einzelner Schülerinnen und Schüler, sondern auch für eine gesamte Lerngruppe verantwortlich.

Dies bedeutet, dass es für Lehrende gilt, die *professionelle Balance zwischen dem gemeinsamen Lernen in der Gruppe und der individuellen Begleitung der Schüler(in) auszutarieren.* Wie Lerncoaching dazu einen Beitrag leisten kann, ist Thema dieses Buches.

1.2 Die Lehrkraft als Lerncoach

An Schulen etabliert sich zunehmend eine Beratungs- und Begleitungskultur mit dem Ziel die Lernenden in ihrer Eigenverantwortlichkeit und Selbstständigkeit zu stärken. Der Paradigmenwechsel »from teaching to learning« (Niemi 2009) ist dabei nur ein Schlagwort des Wandels – die Praxen des Lehrens und Lernens verändern sich.

Integrierte Schularten – wie die Gemeinschaftsschulen und integrierte Gesamtschulen – verstehen die Vielfalt als Voraussetzung ihres pädagogischen Konzeptes, in dem jedes Kind nach seinen Fähigkeiten und Interessen möglichst optimal individuell gefördert wird. Individualisierte didaktische Konzepte werden in diesen Schularten deshalb besonders favorisiert.

Gleichzeitig wird die digitale Zukunft das Lernen an der Schule weiter verändern. Lehr- und Lernplattformen bieten schon heute ausgefeilte Lernvideos. Durch immer komplexere Softwaretools werden individualisiertes Lernen in interaktiver Form und auch vernetzte Lerngemeinschaften ermöglicht. Lernen kann dadurch immer einfacher so organisiert werden, dass es auf den Leistungsstand der einzelnen Lernenden zugeschnitten werden kann (vgl. Borow 2015, S. 34).

Um aber diese individualisierten Konzepte bestmöglich in heterogenen Lerngruppen umsetzen zu können, ist eine Beratung durch Lehrkräfte unverzichtbar. Anders ausgedrückt: Die Begleitung und das Coaching der Schülerinnen und Schüler ist notwendig, damit diese gut funktionieren (vgl. Bohl 2013, S. 251, siehe auch Bastian; Hellrung 2011, S. 8).

Wie Individualisierung und adaptive Lernarrangements gelingen können, macht der Schulpädagoge Thorsten Bohl deutlich. Er thematisiert gleichzeitig die Bedeutung von Coaching (bzw. individueller Beratung) im Konzept der Individualisierung:

> »Die Individualisierung wird dadurch eingelöst, dass 1. systematisch diagnostiziert wird; 2. das Angebot strenger den Bedürfnissen der Lernenden angepasst [...] wird; 3. das Monitoring über Instrumente wie Kompetenzplänen erfolgt und 4. individuelle Beratung bzw. Coaching mit verbindlichen Verfahren organisiert wird« (Bohl 2013, S. 250 f., Hervorhebung S. M.-L.).

Die Erziehungswissenschaftler Johannes Bastian und Miriam Hellrung (2011) nennen die Beratung der Schülerinnen und Schüler beim Lernen ›Lernprozessberatung‹, um den *Prozesscharakter* zu verdeutlichen. Denn es geht bei dieser Art der Beratung ihrem Verständnis nach um die Begleitung des Lernens, der als »aktiver Aneignungsprozess« (vgl. Bastian; Hellrung 2011, S. 7) der Lernenden verstanden wird, der in jedem Individuum anders abläuft – das bedeutet eine konstruktivistische Sichtweise des Lernens. Die Notwendigkeit der Beratung der Schülerinnen und Schüler in individualisierten Settings wird folgendermaßen begründet:

> »Wer seine Aufgabe als Lehrende(r) primär darin sieht, den Lernenden durch die Gestaltung differenzierter Lernumgebungen beim eigenständigen Lernen zu helfen, für den hat die Lernprozessberatung eine große Bedeutung; ein solches didaktisches Selbstkonzept versteht das Lernen als einen aktiven Aneignungsprozess, der in jedem Individuum anders abläuft, den Schüler als jemanden, der die Möglichkeit haben soll, eigenständig und mit Hilfe von Unterstützung zu lernen, seinen individuellen Lernweg zu finden und den Lehrenden als jemanden, der das Finden des

eigenen Lernweges durch eine differenzierte Lernumgebung sowie durch Lernprozessberatung unterstützt« (ebenda, Hervorhebung im Original).

Bastian und Hellrung bezeichnen die Lernprozessberatung als »Bindeglied« zwischen Lehrenden und Lernenden. Sie wird nach ihnen »systematisch als Teil« der Unterstützung eingeplant und hilft je nach individueller Voraussetzung »bei der Klärung der Sache, des Lernweges und der Lernstrategie« (ebenda). Dies bedeutet die konkrete Begleitung bei der Planung der selbstorganisierten Lernzeit mit dem Hilfsmittel Lerntagebuch, Beratung und Begleitung bei der Auswahl der Aufgaben, Hilfestellungen und Kontrolle bei der Arbeit, das Leisten von konstruktivem Feedback (wiederum mit Hilfe des Lerntagebuchs o.ä.), Begleitung bei der Selbsteinschätzung und Reflexion des Lernergebnisses, aber auch des Lernweges usw. Dieser Prozess muss wiederum eingeübt werden und systematisch begleitet werden, um die Selbststeuerung des Lernprozesses der Schülerinnen und Schüler zu fördern (vgl. ebenda S. 8).

Das Selbstkonzept als Lehrerin oder Lehrer wird also durch individualisierte Lernarrangements und einem konstruktivistischen Lernverständnis grundsätzlich in Frage gestellt. Aus diesem Grund ist die Entwicklungsaufgabe ›Rollenfindung‹ *eine* der vier großen Entwicklungsaufgaben, die Lehrkräfte durch die Veränderung der Arbeit in besonders heterogenen Lerngruppen, zu bewältigen haben, um zu einem gelungenen Selbstkonzept zu kommen (vgl. Wittek 2013, S. 124 f.) Hierzu vollzieht die Lehrkraft einen Rollenwechsel von der Wissensvermittlerin, der Erzieherin etc. zur Lernbegleiterin, Unterstützerin und Lernberaterin (vgl. Eschelmüller 2007).

Beratung – und dazu gehört Lerncoaching von Schülerinnen und Schülern durch Lehrkräfte – gelingt nur, wenn eine beratende Grundhaltung eingenommen wird, die bereits durch Carl Rogers (1972) definiert wurde. Diese Haltung ermöglicht eine horizontale Beratung auf Augenhöhe zwischen Lehrkraft und Schülerin oder Schüler, dem oder der Hilfe zur Selbsthilfe gegeben wird. Lerncoachinggespräche, die zwischen Lehrkraft und Schülerin oder Schüler stattfinden, fordern daher einen unmittelbaren Rollenwechsel der Lehrkraft von der tradierten Lehrer- und Lehrerinnenrolle als Wissensvermittler bzw. Wissensvermittlerin zur Lehrkraft als Coach bzw. Begleiter oder Begleiterin der Schülerin bzw. des Schülers. Das Einnehmen einer veränderten Haltung gegenüber der Schülerin oder dem Schülerin durch das Führen von Lerncoachinggesprächen, in denen diese Haltung immer wieder eingenommen wird, kann sich dabei – gleichsam als Katalysator – auf das professionelle Selbstverständnis einer Lehrkraft auswirken und sich somit als Chance für Lehrkräfte erweisen.

»Genau. Und das ist ja auch richtig. Wir fördern die ja auch individuell und deshalb machen wir das Coaching individuell auf die Bedürfnisse zugeschnitten.«

(Grund- und Hauptschullehrerin, die Lerncoaching an einer Gemeinschaftsschule praktiziert)

1.3 Lerncoaching als Chance für die Schule der Vielfalt

Lerncoaching in Schulen wurde und wird als Organisationselement zur Rahmung individualisierter didaktischer Konzepte in integrierten Schularten eingeführt (vgl. Bohl 2013, S. 251, siehe auch Bastian; Hellrung 2011, S. 8). Indem im Lerncoaching mit der einzelnen Schülerin oder dem einzelnen Schüler über den individuellen Lernprozess gesprochen wird, wird der Lernweg von der Lehrkraft persönlich begleitet. Damit ist Lerncoaching als pädagogisches Element zu sehen, das besonders in Schulen praktiziert wird, die ein integriertes Konzept haben und die Vielfalt der Schüler(innen) als Bereicherung des Lernens für alle sieht. Lerncoaching ist deshalb eine Chance für die Schule der Vielfalt.

Dass spätere Bildungswegentscheidungen im Hinblick auf die Chancengerechtigkeit des Bildungssystems vorteilhafter sind, wurde seit der Jahrtausendwende durch die Vergleichsstudien der OECD in den Fokus gerückt (vgl. Böheim-Galehr et al. 2015, S. 4). Mit einem Überblick über das Alter der ersten Differenzierung im Bildungssystem verdeutlichen Böheim-Galehr und Kolleg(inn)en die (überwiegend) horizontale Gliederung des Bildungssystems weltweit:

Alter der ersten Differenzierung im Bildungssystem in OECD-Ländern

10 Jahre	11 Jahre	12 Jahre	13 Jahre	14 Jahre	15 Jahre	16 Jahre
Deutschland Österreich	Slowak. Rep. Tschech. Rep. Türkei Ungarn	Belgien Niederlande Schweiz	Luxemburg	Italien Korea Slowenien	Estland Frankreich Griechenland Irland Israel Japan Mexiko Portugal	Australien Chile Dänemark Finnland Großbritannien Island Kanada Neuseeland Norwegen Polen Schweden Spanien USA

Tabelle 1: Alter der ersten Differenzierung im Schulsystem nach Böheim-Galehr et al. 2015, S. 4.

Für die Einführung der ›neuen Sekundarschulen‹ (Bönsch 2015), die als integrierte Schulen in vielen deutschsprachigen Bundesländern unterschiedlich bezeichnet werden, sind zwei grundsätzliche Intentionen zu sehen: Erstens der schleichende und stetige Niedergang der Hauptschulen (und auch der Realschulen) durch Abwahl, der die Administrationen nach Alternativen suchen lässt, zweitens ein pädagogischer Reformwille, der mit einem positiven Heterogenitätsverständnis korreliert (vgl. ebenda,

S. 9, 57, 107). Dieses positive Heterogenitätsverständnis bedeutet im Kern die Annahme der Vielfalt der Schüler(innen)schaft als Bereicherung für das Lernen. Verbunden damit ist der Anspruch an die Lehrkraft, den Blick für den individuellen Lernweg des und der Einzelnen zu öffnen.

Ein solcher pädagogische Reformwille wird beispielsweise im Leitbild der baden-württembergischen Gemeinschaftsschule deutlich: In der Schulart, die im Jahr 2012 eingeführt wurde, werden alle Schulabschüsse angeboten; gleichzeitig ist sie eine Schule mit inklusivem Bildungsangebot, in der Kinder und Jugendliche mit und ohne Behinderung gemeinsam lernen können und ihren Voraussetzungen gemäß unterstützt werden. Damit ist sie eine Schule mit einem dezidierten Anspruch an Chancengerechtigkeit (vgl. ebenda S. 20).

Erstmals wurden dabei in Baden-Württemberg zur Umsetzung der pädagogischen Leitlinien einer Schulart konkrete Vorgaben gemacht, was das Unterrichtsskript angeht (vgl. Meissner et al. 2016, S. 23), indem in § 8a des Schulgesetzes festgelegt wird:

> »(1) Die Gemeinschaftsschule vermittelt in einem gemeinsamen Bildungsgang Schülern der Sekundarstufe I je nach ihren individuellen Leistungsmöglichkeiten eine der Hauptschule, der Realschule oder dem Gymnasium entsprechende Bildung. Den unterschiedlichen Leistungsmöglichkeiten der Schüler entspricht sie durch an *individuellem und kooperativem Lernen orientierten Unterrichtsformen*. [...]« (Rux 2016, S. 373, Hervorhebung S. M.-L.)

Die Gemeinschaftsschulen haben dementsprechend pädagogische Konzeptionen entwickelt, um ihre besonders heterogene Schülerinnen- und Schülerschaft zu bestmöglichen Leistungen zu verhelfen. Die zentrale Entwicklungsaufgabe von Gemeinschaftsschulen kann daher als produktiver Umgang mit Heterogenität bezeichnet werden, der als Motor für die Schulentwicklung der Gemeinschaftsschulen bezeichnet werden kann. (vgl. Meissner et al. ebenda siehe auch Wittek 2013, S. 70 f.).

Um individualisierte Konzepte bestmöglich in heterogenen Lerngruppen umsetzen zu können, wird eine Beratung und Begleitung der Schülerinnen und Schüler durch Lehrkräfte für unverzichtbar gehalten. Mit dieser Intention wurde Lerncoaching von Schülerinnen und Schülern in der Schulart Gemeinschaftsschule implementiert (vgl. Landesinstitut für Schulentwicklung 2014, S. 5). Das Beratungsverständnis, das dem Verfahren des Coachings dabei zugrunde liegt, ist – genau wie die individualisierten Unterrichtskonzepte – konstruktivistisch verortet und kann als Hilfe zur Selbsthilfe bestimmt werden (vgl. Landesinstitut für Schulentwicklung 2014, S. 4). Gleichzeitig werden aber über die Unterstützung des Lernprozesses in besonders heterogenen Lerngruppen hinaus Zielsetzungen im Lerncoaching gesehen, die nicht ausschließlich im Lernverständnis begründet sind, sondern an ein ganzheitliches Menschenbild anknüpfen: Die Begleitung und Unterstützung jedes einzelnen Schülers und jeder einzelnen Schülerin durch die Lehrkraft bei seiner und ihrer individuellen Bewältigung der anstehenden Entwicklungsaufgaben im Sinne eines erweiterten Bildungsbegriffes.

»Und das hat was Ganzheitliches halt. Also Schüler ist nicht Lernmaschine, sondern (.) so einfach alles und all die anderen Aspekte beeinflussen ja das Lernen, ja. Also, wenn daheim der Haussegen schief hängt in der Familie, dann läuft das Lernen hier in der Schule halt auch nicht. Das sehen wir ja *gerade* durch das Coaching.«

(Realschullehrer, der Lerncoaching an einer Gemeinschaftsschule praktiziert)

Da die Heterogenität in *allen* Schularten zugenommen hat und sich die Settings des Lernens in den Schulen auch durch die Anforderungen der Zukunft sowie den digitalen Wandel verändern (s. o.), kann Lerncoaching in allen Schularten praktiziert werden, um somit den professionellen Umgang mit einer heterogeneren Lerngruppe zu ermöglichen und jede Schülerin und jeden Schüler als zu begleitenden Lernenden in einer *Schule der Vielfalt* zu begreifen.

2 Lerncoaching – Coaching in der Schule

»Man kann einen Menschen
nichts lehren.
Man kann ihm nur helfen,
es in sich selbst zu entdecken.«

Galileo Galilei (1564 – 1641)

Vielfach wird ein Unbehagen gegenüber dem Coachingbegriff von pädagogischer Seite laut, das sich darin begründet, *Coaching* in der Nähe wirtschaftlicher Zusammenhänge zu verorten. Damit wird die Ökonomisierung pädagogischer Prozesse vermutet (vgl. u.a. Burchardt; Krautz 2013). Um dieser Einschätzung zu begegnen, möchte ich versuchen, Lerncoaching in der Schule auf theoretischer Ebene ausführlich herzuleiten. Angeknüpft wird sowohl an die Coaching- und Lerncoachingtheorie als auch an die Theorie der psychologischen Beratung. Theoretische Begründung findet die Relevanz der Beziehungsebene sowohl für Beratungs- als auch für Lernprozesse in den Grundannahmen des Menschenbildes der Humanistischen Psychologie.

2.1 Lerncoaching als Form von Coaching

Lerncoaching kann innerhalb der Systematik der Coaching-Literatur als Life-Coaching im Bildungskontext eingeordnet werden. Eine Einteilung der unterschiedlichen Coaching-Anwendungsfelder kann folgendermaßen erfolgen:

- **Business-Coaching** mit den Subanwendungsfeldern Leadership-Coaching, Managerial-Coaching und Workplace-Coaching.
- **Life-Coaching** mit den Subanwendungsfeldern Gesundheitscoaching, *Coaching im Bildungskontext* und Coaching für private Lebensthemen.
- **Coaching im Non-Profit-Bereich** mit den Subanwendungsfeldern Coaching in staatlichen und kommunalen Verwaltungen/Einrichtungen, Coaching im Militär, Coaching in Wohltätigkeitsorganisationen, Coaching in der Sozialen Arbeit und Politik-Coaching.
- **Sport-Coaching** (vgl. Böning; Kegel 2015, S. 33, Hervorhebung S. M.-L.).

In der Abbildung von Uwe Böning und Claudia Kegel (2015) kann die Verortung von Lerncoaching als Life-Coaching nachvollzogen werden:

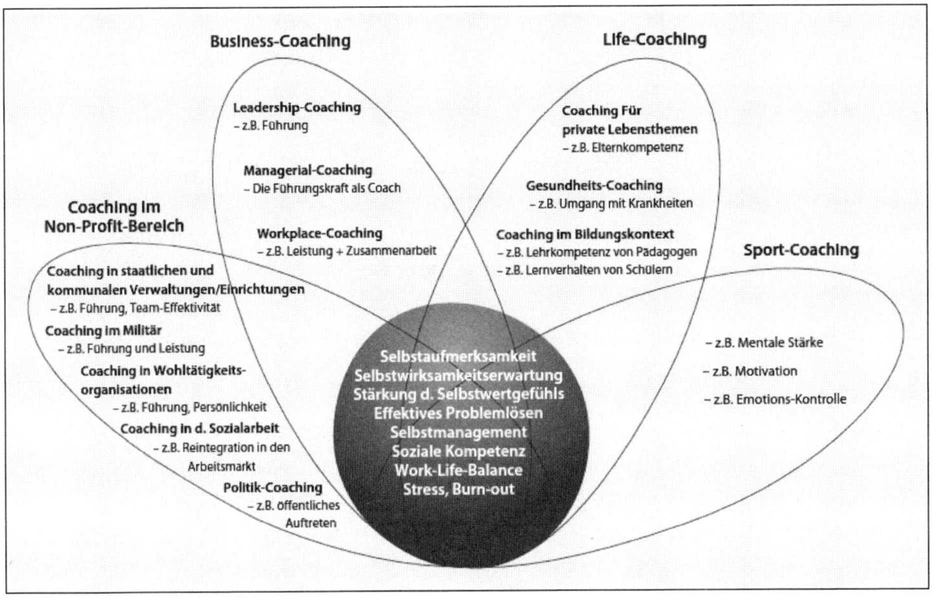

Abbildung 1: Inhaltliche Differenzierung der Coaching-Arbeitsfelder nach Böning; Kegel 2015, S. 24.

Geht man der Etymologie des Wortes *Coaching* nach, findet man zunächst den Hinweis auf die ursprüngliche Bedeutung des Wortes, das vom ungarischen Wort »*Kutsche*« stammt und in der englischen Sprache seit 1556 nachgewiesen ist (vgl. Fischer-Epe 2013, S. 16, siehe auch Pallasch; Hameyer 2012, S. 18). Maren Fischer-Epe betont dabei, dass das Bild der Kutsche einen wesentlichen Kern von Coaching vermittelt:

> »Die Kutsche ist ein Hilfsmittel, ein Beförderungsmittel, um sich auf den Weg zu machen und ein Ziel zu erreichen« (Fischer-Epe 2013, S. 16).

Damit werden drei wesentliche Grundsätze des Coachings in den Blick genommen: die *Prozessorientierung* sowie die *Zielorientierung*, aber auch *die Hilfe zur Selbsthilfe.*

Das Wort *Coach* stammt aus dem Sport und bedeutet ursprünglich »persönlicher Trainer« oder »Betreuer« (vgl. Böning 2005, S. 23). Als weiteres *erstes* Anwendungsfeld des Coachings wird nach dem Sport das Management genannt. Ziel ist es, Führungskräfte oder Projektverantwortliche individuell zu beraten (vgl. Böning ebenda, Fischer-Epe 2013, S. 18). In vielen Begriffsbestimmungen wird Coaching als spezielle Form der personenbezogenen Beratung verstanden, die sich in erster Linie auf berufliche Ziele beziehe:

> »Coaching [ist] die individuelle Beratung von einzelnen Personen oder Gruppen in auf die Arbeitswelt bezogenen, fachlich-sachlichen und/oder psychologisch-sozio-dynamischen Fragen bzw. Problemen durch einen Coach« (Wahren 2005, S. 137).

Für den Herausgeber des ›Handbuch Coaching‹, Christopher Rauen, bedeutet Coaching ein »interaktiver, personenzentrierter Beratungs- und Begleitungsprozess [...]« (Rauen 2005, S. 112, Hervorhebung S. M.-L.). Hier wird der Begleitungsbegriff für Coaching verwendet, der auf eine längere Dauer des Coachings verweist. Der Deutsche Bundesverband Coaching e.V. einigte sich 2004 auf folgende Coaching-Definition, die auch heute noch in dieser Fassung auf seiner Homepage veröffentlicht wird:

> »Coaching ist die professionelle Beratung, Begleitung und Unterstützung von Personen mit Führungs-/Steuerungsfunktionen und von Experten in Unternehmen/Organisationen. Zielsetzung von Coaching ist die Weiterentwicklung von kollektiven Lern- und Leistungsprozessen bzgl. primär beruflicher Anliegen.
>
> Als ergebnis- und lösungsorientierte Beratungsform dient Coaching der Steigerung und dem Erhalt der Leistungsfähigkeit. Als ein auf individuelle Bedürfnisse abgestimmter Beratungsprozess unterstützt ein Coach bei der Verbesserung der beruflichen Situation und dem Gestalten von Rollen unter anspruchsvollen Bedingungen.
>
> Durch die Optimierung menschlicher Potenziale soll die wertschöpfende und zukunftsgerichtete Entwicklung des Unternehmens / der Organisation gefördert werden.
>
> Inhaltlich ist Coaching eine Kombination aus individueller Unterstützung zur Bewältigung verschiedener Anliegen und persönlicher Beratung. In einer solchen Beratung wird der Klient angeregt, eigene Lösungen zu entwickeln. Der Coach ermöglicht das Erkennen von Problemursachen und dient daher zur Identifikation und Lösung führender Prozesse. Der Klient lernt so im Idealfall, seine Probleme eigenständig zu lösen, sein Verhalten / seine Einstellungen weiterzuentwickeln und effektive Ergebnisse zu erreichen.
>
> Ein grundsätzliches Merkmal des professionellen Coachings ist die Förderung der Selbstreflexion und -wahrnehmung und die selbstgesteuerte Erweiterung bzw. Verbesserung der Möglichkeit des Klienten bzgl. Wahrnehmung, Erleben und Verhalten« (DBVC. Deutscher Bundesverband Coaching e.V. o. J.: o. S.).

In dieser Begriffsbestimmung wird eine recht offene Verwendung von Coaching deutlich. Coaching wird als professionelle *Beratung, Begleitung* und *Unterstützung* von Personen (hier mit Führungsverantwortung) gesehen. Es wird nicht festgeschrieben, ob Coaching nun beratend, begleitend oder unterstützend verstanden wird oder gar alle drei Begrifflichkeiten für Coaching stehen können.

Darüber hinaus werden in der Definition des Deutschen Bundesverbandes Coaching e.V. sowohl grundsätzliche Prinzipien des Coachings genannt, als auch implizite Referenztheorien deutlich. Hierauf werde ich in Kapitel 2.4 eingehen. In Bezug auf die

Anwendungsgebiete von Coaching wird deutlich, dass Coaching in diesem Verständnis in erster Linie im Feld von *wirtschaftlichen Unternehmen* und der Optimierung der Arbeitskraft von Führungskräften gesehen wird. Allerdings wird auch auf ›Organisationen‹ als Feld von Coaching verwiesen, was die historische Entwicklung und damit die Expansion von Coaching widerspiegelt.

Eine weitere Begriffsbestimmung von Coaching soll hier ergänzend dargelegt werden. Der Mediziner und Verhaltenswissenschaftler Björn Migge (2005) bestimmt den Begriff Coaching in seinem ›Handbuch zu Coaching und Beratung‹ folgendermaßen:

> »*Coaching* ist eine gleichberechtigte, partnerschaftliche Zusammenarbeit eines Prozessberaters mit einem Klienten. Der Klient beauftragt den Berater, ihm behilflich zu sein: bei einer Standortbestimmung, der Schärfung von Zielen oder Visionen sowie beim Entwickeln von Problemlösungs- und Umsetzungsstrategien: Die Klienten sollen durch die gemeinsame Arbeit an Klarheit, Handlungs- und Bewältigungskompetenz gewinnen. [...]
>
> Ein Coach gibt ein Feedback und eröffnet dem Klienten neue Perspektiven. Die Beratung kann sich auf verschiedene Lebensbereiche erstrecken: Beruf, Karriere, Partnerschaft, Familie, Sport und anderes. Gelegentlich wird von *Business- oder Executive-Coaching* gesprochen, wenn die Themen sich eher um Beruf und Karriere bewegen und wenn der Client eine Führungsperson ist. Auf der anderen Seite spricht man von *Personal-Coaching, Life-Coaching oder psychologischer Beratung*, wenn die Themen der Beratung auch Partnerschaft, Familie, Work-Life-Balance und Ähnliches umfassen« (Migge 2005, S. 22, Hervorhebung im Original).

In dieser Begriffsbestimmung von Coaching wird die Betonung auf grundsätzliches Paradigma des Coachings gelegt: Coaching wird als eine Form *horizontaler Beratung* gesehen, die auf Augenhöhe zwischen Klient(in) und Berater(in) stattfindet. Gleichzeitig werden weitere Coaching-Felder benannt; dabei *wird die psychologische Beratung* ebenfalls unter Coaching subsummiert, was sicherlich nicht alle Vertreter(innen) der psychologischen Beratung so sehen werden.

Nachfolgend soll für interessierte Leser(innen) die historische Entwicklung von Coaching skizziert werden; die Ausdifferenzierung der verschiedenen Anwendungsfelder wird erst dadurch verständlich. Die Darstellung der verschiedenen Entwicklungsphasen von Coaching sowie die Systematisierung der Felder, in denen Coaching praktiziert wird, folgen Uwe Böning (2005):

Der Ursprung von Coaching wird in den 70er Jahren des letzten Jahrhunderts in den USA verortet und meinte zunächst ein vom Sport übernommenes entwicklungsorientiertes Führen von Mitarbeitern durch den Vorgesetzten (vgl. Böning 2005, S. 28). In den 1980er Jahren entwickelte sich Coaching in den USA zu einer karrierebezogenen Betreuung von Nachwuchs-Führungskräften durch Manager (Mentoring). Beim Import nach Deutschland Mitte der 80er Jahre wurde das Coaching verändert: Es wurde hier als Beratung von Top-Managern durch externe Berater (Consultans) praktiziert. Böning bezeichnet diese Zeit des Coachings als »Pionierphase« des Coachings in Deutschland, in der Coaching »enorm populär« (ebenda, S. 31) wurde. Dadurch wurde das neue Verfahren auch von der unternehmensinternen Personalentwicklung beansprucht.

Der Anfang der 1990er Jahre wird als Phase der Differenzierung des Coachings bezeichnet: »Coaching wurde folglich zum Ausdruck und Kernbegriff einer allgemeinen und vertieften psychologisch ausgerichteten Beratungsmethodik« (ebenda, S. 32). Hier muss neben dem *Einzel-Coaching* die Entwicklung des *Gruppen-Coachings* und des *Team-Coachings* genannt werden. Diese Ausdifferenzierung der Methoden findet auch noch heute Anwendung – auch in der Schule.

Seit Mitte der 90er Jahre findet laut Böning ein »inflationärer Wortgebrauch« des Coachingbegriffes statt, das Coaching zu einem »Container-Wort« (ebenda, S. 33) gemacht habe. Dies hängt auch mit der Ausweitung der Anwendungsgebiete in dieser Zeit zusammen. Es wurde nunmehr nicht mehr nur als Führungskräftetraining oder Projekt-Coaching angewandt, sondern vielmehr als »EDV-Coaching, TV-Coaching, Krisen-Coaching, usw.« (ebenda).

Eine Phase der vertieften Professionalisierung, in der Standards für die Coaching-Ausbildung festgelegt werden und auch die wissenschaftliche Forschung zu Coaching zunahm, setze schließlich ab 2002 ein. (vgl. ebenda ff.).

Die Perspektive der Coachingliteratur kann also zunächst als ökonomisch geprägt bestimmt werden. Dem Misstrauen der Pädagogik gegenüber Lerncoaching kann an dieser Stelle zunächst nur entgegengesetzt werden, dass die Coachingliteratur *selbst* eine Entwicklung und Differenzierung von Coaching konstatiert.

2.2 Lerncoaching als Form pädagogischer Beratung

Lerncoaching kann nicht ausschließlich als Sonderform von Coaching, sondern ebenfalls als spezifische Form pädagogischer Beratung eingeordnet werden. Diese Betrachtungsweise soll in diesem Kapitel ausgeführt werden.

Waldemar Pallasch und Uwe Hameyer (2012) stellen in einer eine Synopse Beratungsformen vor, um Lerncoaching als eine spezifische Form der Beratung einzuordnen. Folgende Beratungsformen nennen sie: »1. Klassische Beratung, 2. Coaching, 3. Supervision, 4. Intervention, 5. Mediation, 6. Lerncoaching, 7. Therapie, 8. Training, 9. Psychohygiene« (Pallasch; Hameyer 2012, S. 12).

Um darstellen zu können, was Coaching *ist*, ist es manchmal einfacher zu zeigen, was es *nicht ist* – also eine negative Abgrenzung vorzunehmen. In der Beratungsliteratur wird oftmals eine systematische Einordnung in verschiedene Beratungsformen vorgenommen. Die Darstellung der unterschiedlichen Aufgaben von ausgebildeten Beratungslehrkräften und von Lehrkräften, die Lerncoaching von Schüler(inne)n praktizieren, nimmt eine Abgrenzung von Lerncoaching zu anderen Beratungsformen in der Schule vor.

Negativ-Abgrenzung von Coaching zur Psychotherapie

Wenn die Autor(inne)n der Coachingliteratur festlegen, was für sie *kein* Coaching ist, nehmen fast alle eine Abgrenzung von Coaching zur Psychotherapie vor. Dass die Grenze hier aber nicht einfach zu ziehen ist, macht Björn Migge deutlich:

> »Coaching ist keine Psychotherapie. Dabei sind die Grenzen aber fließend: Viele ernsthafte Lebenskrisen, die nur psychotherapeutisch aufzufangen sind, wären vielleicht im Vorfeld zu verhindern gewesen – durch ein gutes Coaching« (Migge 2005, S. 22 f.).

Auch in der Literatur zum Lerncoaching von Schüler(inne)n wird von verschiedenen Autorinnen eine Abgrenzung von Coaching zu Therapie vorgenommen. Andrea Laake (2012) schreibt unter dem Kapitel »Was Schülercoaching nicht ist«:

> »Coaching ist keine Therapie. Therapeutische Ansätze haben die Wiederherstellung der psychischen Gesundheit zum Ziel. [...] Ein Coach begleitet Menschen, die gesund und deren Selbststeuerungsfunktion intakt ist« (Laake 2012, S. 52).

Eine Abgrenzung zu psychischen Störungen von Schüler(inne)n muss dabei vom Lerncoach selbst geleistet werden. Der Lerncoach sollte dabei die Grenze selbst erkennen.

> »[Die Grenzen des Coachings sind da,] wenn Kinder schwerwiegende psychische Probleme oder schwerwiegende Lernstörungen haben. Diesbezüglich sind wir nicht ausgebildet, aber die Aufgabe eines Coaches in diesem Fall ist, Kinder und Eltern an entsprechende Stellen zu verweisen.«
>
> (Realschulehrerin, die Lerncoaching an einer Gemeinschaftsschule praktiziert)

Falls ein Lerncoach feststellt, dass eine Schülerin oder ein Schüler psychologischer Hilfe bedarf, sollte der Lerncoach zunächst dem Coachee – so wird die gecoachte Person in der Fachliteratur genannt – seine Wertschätzung vermitteln, dass er sich ihm geöffnet habe. Im Anschluss daran sollten gemeinsam mit der Schülerin oder dem Schüler (sowie den Erziehungsberechtigten) nach Lösungen gesucht werden. Schließlich sollte der Lerncoach Netzwerkpartner vermitteln. Mögliche Netzwerkpartner können Beratungslehrkräfte, Ärzt(innen), Schulsozialarbeiter(innen) sowie Schulpsycholog(inne)n sein (vgl. Hardeland 2015, S. 9, siehe auch Laake ebenda).

Beratungslehrkräfte besitzen eine pädagogisch-psychologische Ausbildung. Die Aufgaben von ausgebildeten Beratungslehrkräften und Lehrkräften, die Schüler(innen) coachen, überschneiden sich teilweise. Aus diesem Grund sollen die Unterschiede folgend geklärt werden.

Abgrenzung der Arbeit von Lehrkräften, die Schülerinnen und Schüler coachen, zur Arbeit von Beratungslehrkräften mit Zusatzqualifikation

Die Beratungslehrkraft besitzt eine psychologisch-pädagogische Ausbildung und ist rechtlich in das Beratungssystem der Schule integriert. Sie berät zu den Bereichen Lernen, Motivation und Konzentration, bei Problemen der Bewältigung des Schulalltags (z. B. Schulangst, Prüfungsangst und Schulvermeidung), bei Fragen zu sozialen Schwierigkeiten in der Schule, bei schulbiographischen Übergängen und bei Fragen zu Bildungswegen und Bildungsabschlüssen. All diese Aufgaben übernehmen aber *auch* Lehrkräfte, die Schüler(innen) coachen – jedoch in anderer Art und Weise. Die Beratungslehrkraft wird von den Erziehungsberechtigten der Schüler(innen) für einen Beratungsprozess angefragt. Die Beratungslehrkraft hat die Ausbildung standardisierte Testverfahren einzusetzen, um bei Schüler(inne)n eine Diagnose zu stellen. Dies kann die Lehrkraft, die Schüler(innen) coacht, nicht im selben Umfang.

Die Unterscheidung von Beratungslehrkräften und Lehrkräften, die Schüler(inne)n coachen, kann besonders an *einem* Aspekt festgemacht werden – dem Zeitpunkt und der Dauer des Beratungsprozesses: »Beratungslehrer werden (leider) eher später involviert, sodass sie verstärkt symptombezogen und weniger präventiv arbeiten« (Hardeland 2015, S. 8 f.).

> Die Lehrkraft, die die Schüler(inne)n ihrer Klasse coacht, begleitet diese meist nicht nur temporär, sondern über einen längeren Zeitraum: im Regelfall während der Zeit, in der die Lehrkraft Klassenlehrer(in) ist. Diese *Dauerhaftigkeit* ist das wesentliche Kriterium, warum Lerncoaching von Schüler(inn)en nicht nur als *Beratung*, sondern auch als *Begleitung* von Schülerinnen und Schülern begrifflich gefasst werden kann.

Die Beratungslehrkraft hingegen berät die Schülerin oder den Schüler, bzw. ihre oder seine Erziehungsberechtigten über einen bestimmten Zeitraum – dem Beratungsprozess. Die Dauer des Beratungsprozesses erstreckt sich im Regelfall über einige Wochen, ist also temporär und hat eher informativen Charakter (vgl. Grewe 2015, S. 12 ff., siehe auch Schnebel 2007, S. 15).

Hanna Hardeland postuliert eine professionelle Kooperation von Lehrkräften, Lerncoaches, ausgebildeten Beratungslehrkräften, Sozialpädagogen und Schulpsychologen (vgl. 9). In folgendem Schaubild grenzt sie die verschiedenen Beratungsangebote an einer Schule voneinander ab:

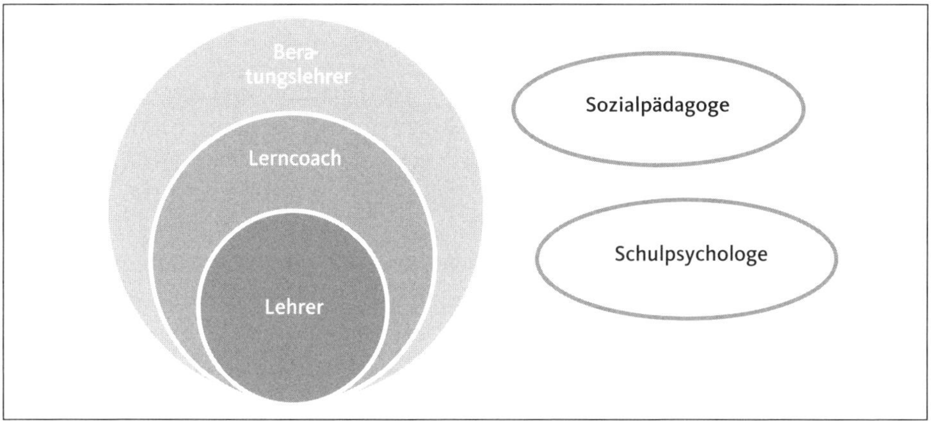

Abbildung 2: Beratungskompetenz, – umfang und schulische Angehörigkeit nach Hardeland 2015, S. 8

2.3 Grundsätzliche Prinzipien des Coachings und der Beratung und ihre Bedeutung für Lerncoaching in der Schule

Lerncoaching ist eine Form pädagogischer Beratung und folgt als solcher grundsätzlichen Prinzipien, deren Einhaltung als Qualitätsmerkmale, also als Voraussetzungen von Lerncoaching gesehen werden können. Gelingendes Lerncoaching wird deshalb an grundlegenden beraterischen Prinzipien festgemacht: *der Freiwilligkeit*, der *persönlichen Akzeptanz* und *Unabhängigkeit* sowie dem *Vertrauensverhältnis* und der *Vertraulichkeit*.

Alle Prinzipien von Coaching und Beratung bewegen sich im Spannungsfeld der Rahmenbedingungen, die die Schule als pädagogische Institution vorgibt. Die Lehrkraft muss ihre Professionalität neu bestimmen, wenn sie als Lerncoach beratend tätig sein möchte. Jedes der Prinzipien von Coaching und Beratung verweist auf ein Menschenbild, das den Menschen als *rational, autonom und intentional* annimmt (vgl. Schnebel 2007, S. 46). Gleichzeitig geben die Schulpflicht in Deutschland sowie der Erziehungs- und Bildungsauftrag der Schule einen (gesetzlichen) Rahmen vor, in denen sich Lehrkräfte und Schüler(innen) bewegen (müssen). Dieses Spannungsfeld soll im Folgenden anhand der Prinzipien der Beratungstheorie in den Blick genommen und diskutiert werden.

Das Prinzip der Freiwilligkeit

Freiwilligkeit wird als ein wesentliches Prinzip von Coaching und Beratung gesehen. Dabei wird die Freiwilligkeit der Inanspruchnahme des Coachings, bei der Wahl des Coaches durch den Coachee, bei der Umsetzung der erarbeiteten Lösung und der Fortsetzung des Coachings postuliert (vgl. Rauen 2005, S. 273, Laake 2012, S. 33, Hardeland 2015, S. 13).

Freiwilligkeit von Coaching gilt aber beispielsweise durch die Verordnung des *Rechts auf* Lerncoaching in den Gemeinschaftsschulen Baden-Württembergs (vgl. Rux 2016, S. 373) nicht mehr in vollem Umfang. Denn mit diesem *Recht* auf Lerncoaching für jede Schülerin und jeden Schüler durch eine Lehrkraft werden die Schulen in die Pflicht genommen, ein Konzept zu entwickeln, welches dieses *Recht* der Schüler(innen) gewährleistet. Dies bedeutet aber auch anders herum, dass sich keine Schülerin und kein Schüler dem Lerncoaching durch eine Lehrkraft entziehen kann. Die Möglichkeit der Begleitung der Schüler(innen) über einen längeren Zeitraum ihrer Entwicklung bedeutet eine Chance für die Beziehungsgestaltung zwischen Schüler(in) und Lehrkraft. Auch ist die Förderung der Selbstregulation, die als übergeordnetes Ziel von Lerncoaching von Schüler(inne)n gilt (vgl. Pallasch; Hameyer 2012, S. 99) sowie die Förderung von Kompetenzen, die als Ziele von Lerncoaching feststellt werden können (vgl. Hardeland 2015, S. 21, siehe die Darstellung in Kapitel 3) für jede Schülerin und jeden Schüler sinnvoll und relevant – und nicht etwa nur für Schüler(innen), die offensichtliche Lernschwierigkeiten haben. Das Recht auf Lerncoaching durch eine Lehrkraft wird also aus pädagogischen Überlegungen von der Schuladministration in Baden-Württembergs ›angeordnet‹. Dabei muss allerdings bedacht werden, dass sich Schüler(innen) dieser ›Verpflichtung‹ des Lerncoachings durch eine Lehrkraft auch indirekt entziehen können, indem sie sich beim Lerncoaching *nicht* gegenüber der Lehrkraft öffnen. Die Freiwilligkeit im Coaching kann also niemals ganz unterbrochen werden.

Die *Wahlfreiheit* des Coaches durch die Schüler(innen) wird in vielen Schulen gewährleistet, indem mindestens zwischen zwei Lerncoaches gewählt werden kann, die sich die Lerngruppe bzw. Klasse als Lerncoach aufteilen. Das Recht auf Freiwilligkeit bei der Umsetzung der erarbeiteten Lösung durch den Coachee sollte auch in der Schule befolgt werden. Andrea Laake (2012) betont den Aspekt der Freiwilligkeit des Coachings auch in der Schule. Das von ihr dargestellte *Mündener Modell* des Schülercoachings setzt erst bei Schüler(inne)n der Berufsschule (also bei Schüler(inne)n der Sekundarstufe II) an.

Die Freiwilligkeit gewinnt mit zunehmendem Alter der Coachees an Bedeutung, denn älteren Schüler(inne)n kann die Verantwortung für ihren Lernprozess in immer stärkerem Maße übertragen werden (vgl. Laake 2012, S. 36 f.).

»Also, ich kann niemand zwingen von daheim zu erzählen oder ich kann niemand zwingen von seinen (.) Problemen zu erzählen. Aber dadurch, dass dieser Rahmen schon gegeben ist, dass das Gespräch stattfindet, ist da eine, eine ganz große Hürde einfach mal weg (Realschullehrerin an einer Gemeinschaftsschule: Genau.), weil, dass ein Schüler kommt und mich anspricht und sagt: Ich hätte gerne ein Gespräch, dazu braucht es extrem viel Mut.«

(Realschullehrer, der Lerncoaching an einer Gemeinschaftsschule praktiziert)

Das Prinzip der persönliche Akzeptanz und Unabhängigkeit

Die gegenseitige *persönliche Akzeptanz* des Coaches und des Coachees postuliert eine positive Beratungsbeziehung. In der klassischen Coachingliteratur wird dabei die neutrale Position des Coaches betont, die die *Unabhängigkeit* der Beratung zusichert. Diese wird als gefährdet gesehen, wenn die gegenseitige Akzeptanz gestört ist (vgl. Rauen 2005, S. 274).

Nimmt ein Lerncoach die beraterische Grundhaltung ein, die von Carl Rogers (1972) in den Prinzipien der *Akzeptanz, Empathie* und *Echtheit* gefasst werden, ist er sensibel, was die Passung zwischen Lerncoach und Coachee anlangt. Ein Lerncoach, der spürt, dass keine Beratungsebene (oder anders ausgedrückt: keine gute Beziehung) entsteht, sollte auch von sich aus den Coachee an eine andere Lehrkraft abgeben. Anders herum sollte die Schüler(innen) die Möglichkeit haben, ihren Lerncoach zu wechseln, wenn keine positive Beratungsbeziehung möglich wird. Einige Schulen lösen dies, indem nach einer gewissen Zeit ein Coachwechsel angeboten wird. Damit korreliert das Prinzip der gegenseitigen Akzeptanz direkt mit dem der Freiwilligkeit.

Die neutrale Position wird in der Coachingliteratur oft erst dadurch gewährleistet gesehen, wenn ein Coaching nicht durch einen internen – also der Organisation angehörenden –, sondern durch einen externen Coach angeboten wird:

> »Der Spielraum [des internen Coachings] ist hier aber begrenzt: Die Beratung wird häufig angeordnet oder empfohlen. Sie findet nicht als Arbeit zweier gleichberechtigter Partner statt, sondern innerhalb einer hierarchischen Dyade« (Migge 2005, S. 26).

Übertragen auf das Coaching von Schüler(inne)n durch Lehrkräfte würde dies bedeuten, dass eine gute und offene Beratungsbeziehung nur zwischen einer Lehrkraft und einem Schüler oder einer Schülerin entstehen kann, den oder die diese nicht unterrichtet (externes Coaching durch Lehrkräfte).

Tatsächlich wird in Lerncoachingfortbildungen durch die Schulpsychologischen Beratungsstellen häufig dieses externe Lerncoaching durch Lehrkräfte empfohlen. Hintergrund ist das Prinzip der persönlichen Unabhängigkeit, das in der Beratungstheorie sehr hoch bewertet wird.

> »Ich würd mal sagen (.) Klassisches Coaching funktioniert ja so, dass ein Erwachsener sich eines Problemes bewusst ist ((Zustimmung mehrerer Lehrkräfte)) und sich dann aktiv Begleitung sucht, ja. Das ist ja bei den Schülern definitiv nicht so. [...] Also das steht im Stundenplan. Und die erzählen aber, also es gibt eine Reihe Schüler, die sagen immer: alles ist gut. Aber es ist halt eben nicht alles gut, ja. (Eine Lehrerin:Ja.) Und dann muss man eben erst ein Problembewusstsein schaffen und kann dann an eine Lösungsorientierung gehen oder eine, eine Zielfindung oder auch gucken, welche Ressourcen habe ich. ((Zustimmung mehrerer Lehrerinnen und Lehrer)) Aber ich finde, da braucht es ein Schritt »Null«, bevor dann Schritt »Eins« kommt.«
>
> (Realschullehrer, der Lerncoaching an einer Gemeinschaftsschule praktiziert)

Die Diskussion, ob eine Lehrkraft als Lerncoach für Schüler(innen) tätig sein kann und sollte, deren Klassenlehrer(in) oder Fachlehrer(in) sie oder er ist, stellt besonders die postulierte horizontale Beratungshaltung in den Blickpunkt. Denn die Rolle als Lerncoach ist im Idealfall der Beratungstheorie eine unabhängige; in ihr besteht nicht das typische vertikale Lehrkraft-Schüler(in)-Verhältnis, bei der die Lehrkraft die Schülerinnen und Schüler auch bewertet.

Das Lerncoaching soll vielmehr auf Augenhöhe zwischen Lerncoach und Coachee stattfinden, denn der Coachee konstruiert seine Lösungen selbst und ist Experte für sich selbst. Im Lerncoaching wird aus diesem Grund das Schaffen geeigneter Rahmenbedingungen empfohlen (Verlassen des Raumes, Aufsuchen eines Coachingsplatzes, ein paar Worte zur Rolle als Lerncoach), um den Rollenwechsel von Lehrkraft zu Coach zu erleichtern (vgl. Hardeland 2015, S. 12).

Ich möchte aber auf einen weiteren Aspekt in diesem Zusammenhang hinweisen: Das Lernverständnis in integrierten Schularten fordert *ebenfalls* eine Rollenerweiterung. Zu der tradierten Rolle einer Lehrkraft als Wissensvermittler(in) kommt eine neue Rolle zur Lehrkraft als Lernbegleitung hinzu (vgl. Wittek 2013, S. 124 f.). Dieses Finden und Gestalten der neuen Rolle einer Lehrkraft als Lernbegleitung von Schüler(innen) kann in besonders heterogenen Lerngruppen als *zentrale* Herausforderung für die Lehrkraft gesehen werden, welches eine Entwicklungsaufgabe für diese bedeutet. Das heißt, ein Rollenerweiterung *muss* stattfinden, wenn eine Lehrkraft zu einem gelungenen Selbstkonzept in heterogenen Lerngruppen und damit zu einer Professionalisierung kommen möchte (vgl. Bastian; Hellrung 2011, S. 9). Aus diesem Grund kann *nicht* als Lösung gesehen werden, externes Lehrkräftecoaching zu favorisieren.

Vielmehr muss Lerncoaching in einem größeren Zusammenhang eingeordnet werden: dem Paradigmenwechsel des Selbstkonzeptes einer Lehrkraft sowie dem Paradigmenwechsel vom Lehren zum Lernen (vgl. Fauser et al. 2007, S. 7). Lerncoaching kann als pädagogischer Beratung gefasst werden, welche als wichtige Form erzieherischen und bildenden Handelns gefasst werden kann. Vorausgesetzt wird dabei eine konstruktivistische Sichtweise auf Lern- und Entwicklungsprozesse – es wird angenommen, dass Lernen und Entwickeln Prozesse sind, die vom Individuum jeweils *nur selbst* vollzogen werden können. Die Lehrenden unterstützen in einer professionellen pädagogischen Haltung diese Prozesse der Lernenden. Das Konzept des Lerncoachings nach Michele Eschelmüller (2007) fokussiert diesen Paradigmenwechsel »vom Wissensvermittler zum Lernbegleiter« (Eschelmüller 2007, S. 16f.). Lerncoaching durch eine *interne* Lehrkraft kann somit als Chance begriffen werden. Die Gestaltung einer positiven Beziehungsebene zwischen Coach und Coachee kann sich positiv auf das Lernklima in der Lerngruppe auswirken. In Kapitel 6 werde ich darauf ausführlich eingehen.

Tatsächlich ist die *Haltung* einer Lehrkraft im Coaching zentral, um dem Prinzip der Unabhängigkeit im Spannungsfeld der Rahmenbedingungen der Schule gerecht zu werden. Um eine professionelle Beratungshaltung im Lerncoaching zu erlangen und immer wieder neu einzunehmen, bedarf es einer fundierten Ausbildung der Lehrkräfte. Besonders geeignet ist dazu das Element der Supervision, bei dem Lerncoaches regelmäßig ihre Haltung reflektieren und über ihre speziellen Lerncoachingfälle im Spannungsfeld von Schule reflektieren. In Kapitel 7 werde ich darauf nochmals ausführlich zu sprechen kommen.

Das Prinzip der Vertraulichkeit und das Vertrauensverhätnis

Die im Coaching thematisierten Inhalte bleiben vertraulich und dienen nicht der Beurteilung des Coachees zum Zwecke Dritter. Dieses Prinzip soll dem Coachee vermittelt und zugesichert werden; nur so kann Offenheit im Coaching entstehen. (vgl. Rauen 2005, S. 274).

Auch dieses Prinzip wird nicht vollumfänglich in der Schule beachtet. So werden in den meisten Schulen die Lerncoachinggespräche im Lerntagebuch/Logbuch (o.ä.) der Schüler(innen) dokumentiert. Damit ist die Vertraulichkeit der Vereinbarungen nicht mehr in vollem Umfang gegeben. Denn die Eltern, aber auch andere Lehrkräfte können Einblick in das Lerntagebuch der Schüler(innen) erhalten. Die Dokumentation der Lerncoachinggespräche wird allerdings *bewusst* von den Schulen aus pädagogischen Überlegungen für die Eltern offengelegt, um die Erziehungspartnerschaft zwischen Eltern und Schule zu stärken.

»Die Dokumentation ist bei vertraulichen Themen problematisch.« (Realschullehrerin, die Lerncoaching an einer Gemeinschaftsschule praktiziert)

Ein sensibler Umgang mit der Dokumentation der Lerncoachinggespräche *muss* deshalb von der Lehrkraft als Coach eingefordert werden, um das Vertrauensverhältnis nicht zu gefährden. Diese Sensibilität kann dadurch erfolgen, dass die Schülerin oder der Schüler in die Dokumentation einbezogen wird. So sollte jeweils mit dem Coachee besprochen werden, *welche* Gesprächsinhalte und Vereinbarungen niedergeschrieben und damit öffentlich zugänglich gemacht werden. Die Schülerin oder der Schüler kann dabei auch angehalten werden, die Dokumentation *selbst* vorzunehmen. Die Dokumentation der Lerncoachinggespräche werde ich in Kapitel 4.3 thematisieren.

2.4 Der Beitrag von Referenztheorien der psychologischen Beratung für Lerncoaching in der Schule

Die grundsätzlichen gedanklichen Muster, die den gelingenden Coachingprozess bestimmen, fußen auf Referenztheorien der psychologischen Beratung und sollen an dieser Stelle Betrachtung finden.

Die dargestellten Theorien bzw. Ansätze werden von mir im Hinblick auf ihre Bedeutung für *Lerncoaching von Schüler(inne)n* hin beleuchtet. Dabei werde ich jeweils auf das methodische Vorgehen eingehen, das von den Lehrkräften im Lerncoaching angewandt werden kann. Die Kommunikation zwischen Lehrkraft und Schülerin oder Schüler spielt dabei die entscheidende methodische Rolle. Am Schluss der Darstellung der verschiedenen Ansätze soll ein Fazit für die Praxis des Lerncoachings in der Schule gezogen werden.

Der Beitrag des personenzentrierten Beratungsansatzes für Lerncoaching in der Schule

Der personenzentrierte Beratungsansatz ist besonders bedeutsam für Lerncoaching in der Schule, denn dieser thematisiert die reale Beziehung zwischen Beratendem und zu Beratendem. In Falle von Lerncoaching wird also die Beziehung zwischen Lehrenden und Schülerin oder Schüler in den Mittelpunkt gerückt. Der personenzentrierte Beratungsansatz postuliert eine positive Beratungshaltung gegenüber dem zu Beratendem, die als Voraussetzung für die gelingende Gestaltung der Beziehung gesehen wird.

Damit formuliert der personenzentrierte Beratungsansatz Qualitätsansprüche an gelingende Beratung und somit auch an Lerncoaching als Form pädagogischer Beratung in der Schule. Der *Personenzentrierte Ansatz* geht auf den amerikanischen Psychologen Carl Rogers (1902-1989) zurück. Das Konzept des personenzentrierten Beratungsansatzes ist auch unter den Bezeichnungen klientenorientierte, nicht-direktive oder non-direkte Beratung bekannt (vgl. Schnebel 2007, S. 46). Alle Ansätze der Humanistischen Psychologie betrachten den Menschen als rational, autonom und intentional. Der Beratungsansatz geht davon aus, dass Menschen direkt auf Impulse ihres eigenen Körpers und der Umwelt reagieren; die Art und Weise ihrer Reaktion hängt davon ab, wie diese subjektiv empfunden werden (vgl. Straumann 2004, S. 641). Carl Rogers hat seinen Beratungsansatz ausdrücklich nicht nur auf Therapie bezogen, sondern auf Beratungsprozesse (Counceling) im Allgemeinen (vgl. Rogers 1972, S. 17 ff.).

Die Persönlichkeits- und Entwicklungstheorie Rogers betont das dynamische Element der Persönlichkeit, das nach Selbstaktualisierung strebt: »Der Mensch hat eine angeborene Tendenz zur Selbstentfaltung« (Rogers 1978, zit. n. Richtien 1998, S. 42). Der dialektische Gegenpart der Tendenz des Menschen zur Aktualisierung liegt nach Rogers im Bedürfnis nach Anerkennung. Dabei ist das Selbst auf Interaktion mit seiner Umwelt angewiesen. Das Beratungsverständnis Rogers fußt auf seiner Persönlichkeitstheorie, bei der ebenfalls der Wille und die Kraft zur Selbstentfaltung im Mittelpunkt stehen. Probleme werden dabei als Teil der persönlichen Entwicklung gesehen und lösen sich, wenn die Entwicklungskräfte der Person im Sinne der Ganzheit gestärkt werden. (vgl. Rogers 1972, S. 36, siehe auch Schnebel 2017, S. 53).

Im Mittelpunkt der *Gesprächsführung* nach Carl Rogers steht das *aktive Zuhören* der Beratenden, bei der die *empathische* Grundhaltung handlungsleitend ist. Zentral ist dabei eine offene Fragestellung, um dem Klienten die Exploration zu ermöglichen. Mit Hilfe des *Paraphrasierens* durch den Beratenden oder die Beratende wird dabei das Verstehen der ›Konstruktion‹ der Lebenswirklichkeit des Klienten oder der Klientin greifbar gemacht. Dabei können auch Emotionen verbalisiert werden, die der Beratende wahrnimmt; um den Zugang zu diesen zu ermöglichen. Durch die Methode des *Spiegelns* (auch *Pacings*) können Wahrnehmungen auf verschiedenen Kommunikationskanälen (verbal, nonverbal, visuell…) verdeutlicht werden (vgl. Migge 2005, S. 32). Vermieden werden Gesprächstechniken, die die Selbstexploration des Klienten oder der Klientin unterbricht (vgl. Rogers 1972, S. 117 f.).

Carl Rogers personenzentrierten Beratungsansatzes besitzt damit eine große Bedeutung für die pädagogische Beratung und auch das Lerncoaching in der Schule. Zunächst bedeuten seine methodischen Komponenten *(aktives Zuhören)* die Grundlegung einer fundierten Beratung auch für Beratende, die über keine therapeutische Ausbildung verfügen. Die von Rogers postulierten Grundhaltungen *Echtheit, Akzeptanz und Empathie* beschreiben zentrale Elemente im Verhalten der Beratenden bzw. der Lerncoaches, welche für die Beziehungsgestaltung in jeder Form von Beratung grundlegend sind (vgl. Schnebel 2007, S. 49).

Diese Betonung der Beziehungsebene macht die besondere Bedeutung des personenzentrierten Beratungsansatzes für das Lerncoaching in der Schule aus. Denn was mit der Beratung auf Augenhöhe und einer authentischen Beziehung zwischen Berater(in) und zu Beratenden durch den personenzentrierten Ansatz als Grundhaltung postuliert wird, stellt das Selbstkonzept einer Lehrkraft auf den Prüfstand. Die Bedeutsamkeit der Lehrer-Schüler(innen)beziehung für die individuelle Entwicklung und Biographie der Schüler(innen) muss dabei im Blick behalten werden.

Die Bedeutung der *realen Beziehung* zwischen Berater(in) und Ratsuchendem ist wesentlich für den personenzentrierten Beratungsansatz. Denn diese ist von grundlegender Bedeutung für das Gelingen der Beratung und nur durch drei *zentrale Grundhaltungen* auf Seiten des Beraters bzw. der Beraterin zu erreichen:

- »Empathie,
- Akzeptanz,
- Echtheit« (vgl. Nicolaisen 2013, S. 69, siehe auch Schnebel 2007, S. 47).

Empathie bedeutet, sich in die Gedanken- und Gefühlsweise des Anderen zu versetzen und diesen zu verstehen. Mit *Akzeptanz* ist eine Haltung beschrieben, die dem oder der Ratsuchenden Wertschätzung zukommen lässt, die nicht an Bedingungen geknüpft ist. *Echtheit* (oder auch *Kongruenz*, vgl. Nicolaisen 2013, ebenda) bedeutet Aufrichtigkeit. Diese Aufrichtigkeit meint, dass die Regungen, Gedanken und Haltungen des Beratenden mit seinen verbalen und nonverbalen Äußerungen gegenüber dem Ratsuchenden übereinstimmen sollten (vgl. Schnebel 2007, S. 47 f.). Die Grundhaltung *Echtheit* ist dabei die Voraussetzung für die beiden anderen Grundhaltungen *Akzeptanz* und *Empathie* (vgl. ebenda). Denn nach Carl Rogers soll weder einfühlendes Verstehen noch Wertschätzung als bloße Beratungstechnik eingesetzt werden; die Wahrhaftigkeit der Beziehung ist hingegen Voraussetzung für eine gelingende Beratung. Die Beziehung zwischen dem Beratenden und dem oder der Ratsuchenden wird hierbei als Intervention im Sinne einer Entwicklungserfahrung verstanden, in welchem der Mensch lernt sich selbst zu verstehen und unabhängig zu entscheiden (vgl. Rogers 1972, S. 36).

Da in meinem eigenen Praxisforschungsprojekt zum Thema Lerncoaching und Lehrkräfteprofessionalität (2014 bis 2016) an einer Gemeinschaftsschule Baden-Württembergs die teilnehmenden Lehrkräfte in der Praxis des Lerncoachings in erster Linie Zeit und Raum für die *Arbeit an der Beziehung* zur Schülerin oder zum Schüler sehen, schätze ich den Beitrag des personenzentrierten Beratungsansatzes mit seinem klaren Anspruch an eine gelingende Beziehungsgestaltung in der Beratung als hochrelevant ein.

Begleitende, regelmäßige Lerncoachinggespräche schaffen – wenn sie gelingen – ein verlässliches Vertrauensverhältnis zwischen Lehrkraft und Schülerin oder Schüler; also eine stabile Beziehung. Die Möglichkeit zur Arbeit an der Beziehungsgestaltung zwischen Lehrkraft und Schülerin bzw. Schüler, die durch das Lerncoaching ermöglicht wird, erfordert dabei eine professionelle, positive und wertschätzende Beratungshaltung durch die Lehrkraft.

Der Beitrag des Konstruktivismus für Lerncoaching in der Schule

In der Philosophie des Geistes wird der Konstruktivismus als Sichtweise gesehen, die das Bewusstsein durch aktive und erfahrungsbasierte Konstruktionen und Intentionen bestimmt sieht (vgl. Gerstenmaier 2004, S. 675).

Die Autonomie des Individuums in Bezug auf die Wahrnehmung der Realität wird im Konstruktivismus klar betont. Für das Coaching bedeutet dies die Begründung des Paradigmas der Selbstreflexivität des Klienten oder der Klientin – bezogen auf das Lerncoaching in der Schule: die *Förderung der Selbstreflexivität der Schülerin oder des Schülers.*

Ein ›Ratschlag‹ eines Lerncoaches ist nach der grundsätzlichen Idee des Konstruktivismus weit weniger zielführend als die *Konstruktion* der passenden Lösung durch die Schülerin oder den Schüler selbst. Das Paradigma der Selbstreflexivität, beinhaltet den Grundsatz, dass die Lösung von Problemen durch den Lerncoach jeweils nur angeregt werden kann – es kann nicht durch den Coach direkt gesteuert oder instruiert werden. Vielmehr leistet der Schüler oder die Schülerin die Arbeit letztlich selbst (vgl. Nicolaisen 2013, S. 36). Lerncoaching bedeutet Hilfe zur Selbsthilfe. Dieses Paradigma verweist auf einen Rollenwechsel der Lehrkraft von einer klassischen Lehrerrolle hin zur Rolle als Lernbegleiter(in). Damit ist auch dieser Ansatz äußerst bedeutsam für das Lerncoaching in der Schule – es wird wiederum die Haltung der Lehrkräfte fokussiert.

Der Konstruktivismus hat aus diesem Grund auch für die Didaktik und Pädagogik neue Impulse geliefert (vgl. Siebert 2005, siehe auch Reich 2012). Diese zeigen sich individualisierten und selbstverantwortlichen Lernarrangements, wie sie besonders in integrierten Schularten favorisiert und praktiziert werden (vgl. Landesinstitut für Schulentwicklung 2014, S. 5). Dadurch sind Lernberatungsformen, die konstruktivistisch orientiert sind – und somit auch das Lerncoaching von Schüler(inne)n durch eine Lehrkraft – insbesondere anschlussfähig an die didaktischen Konzepten der Individualisierung und des adaptiven Lernens. An dieser Stelle sei der Hinweis gegeben, dass sowohl der systemische Beratungsansatz, als auch lösungs- und ressourcenorientierte Ansätze und selbst der personenzentrierte Ansatz nach Carl Rogers konstruktivistische Elemente enthalten.

Der Begriff *Lern*coaching – und nicht etwa Schüler(innen)coaching – für das Coaching von Schüler(inne)n durch Lehrkräfte wird mit der begrifflichen Einordnung in einem Lernverständnis begründet, das konstruktivistisch verortet wird (vgl. Pallasch; Hameyer 2008, S. 10, Nicolaisen 2013, S. 12, Eschelmüller 2007, S. 21, Hardeland 2015, S. 5).

Der Beitrag des lösungsorientierten Beratungsansatzes und des Empowerment-Konzepts für Lerncoaching in der Schule

Der lösungsorientierte Beratungsansatz unterscheidet sich von den anderen Ansätzen besonders dadurch, dass er der Lösungsfindung einen konsequent größeren Raum, als der Problemanalyse lässt.

Lösungsorientierte Beratungsansätze gehen in erster Linie auf die Amerikaner Steve de Shazer (1949-2005) und Insoo Kim Berg (1934-2007) zurück, im deutschsprachigen Raum auf Günter Bamberger. Sie finden in jüngster Zeit in der pädagogischen Beratung immer größere Beachtung. Als besonderen *ressourcenorientierten Ansatz* kann das *Empowerment-Konzept* bezeichnet werden, das im deutschsprachigen Raum in erster Linie von Norbert Herriger begründet wurde. Die lösungs- und ressourcenorientierte Beratung wird dem Feld systemischer Beratung zugeordnet (vgl. Schnebel 2007, S. 54, siehe auch Hardeland 2015, S. 36). Im Folgenden soll zunächst der Beitrag des Lösungsorientierten Beratungsansatz nach Bamberger für Lerncoaching in der Schule skizziert werden, bevor das Empowerment-Konzept nach Herriger und seine Bedeutung für Lerncoaching betrachtet wird.

Günter Bamberger (2004) beschreibt fünf Prinzipien des lösungsorientierten Beratungsansatzes, um diesen als eigenständige Beratungsschule zu charakterisieren:

1. »*Prinzip der Lösungsorientierung*
   […] Beraten heißt also, Lösungen zu konstruieren und das in konsequenter Weise von Anfang an.
2. *Prinzip der Utilisation*
   Klienten verfügen über vielfältige Ressourcen. Klienten sind Experten für ihr Leben. […]
3. *Prinzip der Konstruktivität*
   Das, was wir als Wirklichkeit betrachten, ist etwas mit unseren Sinnen, unserem Verstand und unserer Sprache Konstruiertes. […] Das Expertentum des Beraters besteht darin, dass er weiß, dass etwas Konstruiertes auch immer umkonstruiert werden kann.
4. *Prinzip der Veränderung*
   […] Ein erster Schritt der Veränderung genügt, um über Rückwirkungen und Transformationen einen eigendynamischen Veränderungsprozess in Gang zu bringen.
5. *Prinzip der Minimalintervention*
   […] Lösungsorientierte Beratung bedeutet Minimalintervention sowie Kurzzeitberatung« (Bamberger 2004, S. 740 f., Hervorhebung im Original).

Die Ressourcenorientierung des Beratungsansatzes macht diesen für Lerncoaching von Schüler(inne)n in der Schule ebenfalls besonders anschlussfähig. Sowohl die Stärkenorientierung als auch das Prinzip der Konstruktivität korrespondiert mit individualisierten didaktischen Konzepten. Auch hier liegt die Betonung auf den Stärken der

Schüler(innen) und der Eigenverantwortung des Lernprozesses (vgl. Landesinstitut für Schulentwicklung 2014, S. 5).

Die Prinzipien bestimmen den Verlauf der lösungsorientierten Beratung. Dabei richtet sich die Gesprächsführung auf die Gegenwart und die Zukunft. Der Blick in die Vergangenheit dient nur, um auf zurückliegende Erfolge oder Lösungsansätze zu schauen (vgl. Bamberger 2004, S. 740 f.). Hierzu verwendet Günter Bamberger folgende Fragetypen bzw. -techniken:

1. *Pre-session-change-Fragen* (Nachfragen, was sich bereits verändert hat),
2. *Ausnahme-Fragen* (die Ausnahmen enthalten bereits die Lösung),
3. *Hypothetische Fragen* (wenn der zu Beratende keine Ausnahme nennen kann, versetzt der Beratende den zu Beratenden in einen hypothetischen Zustand der Lösung des Problems und fragt nach den Veränderungen),
4. *Ressourcen-Fragen* (grundlegende Begabungen, Kenntnisse, Geschicklichkeiten, Erfahrungen, Interessen, Werthaltungen, Ideale, Ziele, Beziehungen, Bindungen, die für eine Lösung des Problems in Betracht kommen werden erfragt) (vgl. ebenda).

»Komplimente« und »Vereinbarungen« (742 f.) begleiten dabei den Beratungsprozess. Alle Methoden sollen dazu führen, einen Perspektivwechsel vom Problem hin zur Lösung einzuleiten, um die Ressourcen zu aktivieren (vgl. Schnebel 2007, S. 55, siehe auch Hardeland 2015, S. 38).

Dieses Vorgehen ist für Lerncoaching von Schüler(inne)n besonders geeignet. Im Lerncoachinggespräch wird durch den Lerncoach also nicht so sehr thematisiert, wo und warum Probleme bestehen, sondern vielmehr nach Ressourcen für die Lösung des (Lern)Problems gesucht (»Wie hast du geschafft, dich zu konzentrieren/ gezielter zu üben/ etc.?« »Was hat dir dabei geholfen?«).

Es werden in der Lerncoachingliteratur auch die Grenzen des lösungsorientierten Beratungsansatzes gesehen. Hanna Hardeland betont, dass der zu beratende Schüler bzw. die zu beratende Schülerin in manchen Situationen ein problemorientiertes Gespräch führen möchte, um die Not zu artikulieren und eine Würdigung des Leides durch den Coach zu erfahren. Manchmal gäbe es auch Situationen, in denen der zu Beratende ein lösungsorientiertes Beratungsgespräch als zusätzlichen Leistungsdruck und Stressförderung empfinde. Aus den genannten Gründen sollten die beiden Aspekte *Problem* und *Lösung* ergänzend betrachtet werden (vgl. ebenda S. 40).

Das Empowerment-Konzept kann als recht akzentuierter Ansatz ressourcenorientierter Beratung eingeordnet werden. Besonders für Lerncoaching in Gruppen bietet der Ansatz Anregungen.

Ausgangspunkt des *Empowerment-Konzeptes* ist eine deutliche Kritik am »Defizit-Blickwinkel auf den Menschen« (Herriger 2002, S. 2); dieses impliziert damit einen Paradigmenwechsel in der psychosozialen Theorie und Praxis (vgl. ebenda S. 1). Das Ziel der Beratung, des Coachings oder der Sozialen Arbeit ist es, den Menschen zu Selbstbefähigung und Stärkung seiner Autonomie zu befähigen und ihn somit zur Eigenmacht (Empowerment) zu befähigen. Das *Empowerment-Konzept* geht im deutschsprachigen Raum auf Norbert Herriger zurück und findet ausgehend vom Feld der Sozialen Arbeit zunehmend in anderen Feldern des Bildungsbereiches Beachtung. Norbert Herriger nennt sechs Prinzipien des Menschenbildes, das der Empowerment-Philosophie zu Grunde liege. Er bezeichnet diese als »Bausteine der Philosophie der Menschenstärken« (ebenda S. 2):

- »Die Abkehr vom Defizit-Blickwinkel auf Menschen (mit Lebensschwierigkeiten). [...]
- Das Vertrauen in die Stärken und Kompetenzen, die es Menschen möglich machen, ihr Leben auch in kritischen Situationen und biographischen Belastungen erfolgreich zu meistern.
- Die Achtung vor der selbstbestimmten Lebensweise, der Selbstverantwortung und dem Eigensinn des Anderen; [...]
- Der Respekt vor der ›eigenen‹ Zeit und den ›eigenen‹ Wegen des Anderen [...].
- Der Blick nach vorne [...];
- Die Grundorientierung an einer »Rechte-Perspektive« [...]« (ebenda f.).

Norbert Herriger betont beim *Empowerment-Ansatz* über die Einzelberatung hinausgehende wesentliche methodische Elemente. Hier nennt er die Gruppenebene, die wichtig für das Stiften von Sinnzusammenhängen sei. Dabei werden nach Herriger einerseits Gruppenerfahrungen benötigt, um »Beziehungsrisse zu kitten« (ebenda S. 5), andererseits würden gleichzeitig neue soziale Zusammenhänge initiiert.

Der Paradigmenwechsel von der Defizit-Orientierung hin zur Ressourcenorientierung ist im *Empowerment-Konzept* pointiert ausformuliert. Die Ressourcenorientierung wurde bereits beim *lösungsorientierten Beratungsansatz* als besonders anschlussfähiges Prinzip zu didaktischen Konzepten identifiziert, die die Selbstverantwortung von Schüler(inne)n ernst nehmen. Aber es muss in erster Linie hervorgehoben werden, dass die Organisationsform des Lerncoachings von Schüler(inne)n in Gruppen von Herriger und seinem *Empowerment-Konzept* Impulse erhalten kann.

Der Beitrag des kognitiv-behavioraler Beratungsansatzes für Lerncoaching in der Schule

Die behavioristische Psychologie stellt Reize und Verhalten in einen engen Zusammenhang. Die Veränderung von Denkweisen und Verhalten stehen im Mittelpunkt des Beratungsansatzes, der sich aus der experimentellen Psychologie ableitet und deshalb immer wissenschaftsorientiert und zielgerichtet ist (vgl. Schnebel 2007, S. 40). Der kognitiv-behaviorale Beratungsansatz beruht auf dem Behaviorismus, dessen Wurzeln in der behavioristischen Psychologie nach John B. Watson (1878- 1958) oder Burrhus F. Skinner (1904-1990) begründet ist (vgl. Borg-Laufs 2004: 629 ff.).

Von besonderem Interesse ist dabei die Sprache der zu Beratenden. So werden so genannte negative Selbstattributionen, die oft irrational sind (»ich kann das nicht« oder »ich bin zu dumm dazu«) unterbrochen, mit dem Ziel, ihre Wirkung aufzuheben und sie durch neue alternative Handlungen zu ersetzen (vgl. Migge 2005, S. 38). Die innere Einstellung, die Gefühle und die damit einhergehende (negative) Bewertung soll also kognitiv umstrukturiert werden. Dabei muss allerdings der oder die zu Beratende zunächst seine oder ihre hinderlichen Gedanken und damit einhergehende negativen Gefühle wahrnehmen, um sie verändern zu können.

Die Vorteile kognitiv-behavioraler Ansätze der Beratung in der Schule sind in ihrer empirisch-wissenschaftlichen Grundlage sowie in ihrer Verwurzelung in klassischen Lerntheorien zu sehen. Durch die Hervorhebung äußerer Komponenten, wie Reize und Konsequenzen, können Umlernprozesse in Gang gesetzt werden, ohne dass grundlegend an Persönlichkeitsstrukturen gearbeitet werden muss. Gleichzeitig muss aber auch die Gefahr der »Kopflastigkeit« des Ansatzes gesehen werden (vgl. Schnebel 2007, S. 43 f.).

Mehrere Elemente des kognitiv-behavioralen Ansatzes sind auch für das Lerncoaching von Schüler(inne)n bedeutsam: Zunächst soll die Zielorientierung bzw. Ergebnisorientierung des Ansatzes positiv hervorgehoben werden. Gemeinsam legen Lerncoach und Schüler(in) Ziele fest, die erreichbar sind. Diese Ziele werden im nächsten Lerncoachinggespräch überprüft und die weiteren Schritte geplant. Die Grundsätze der Transparenz des Beratungsprozesses sowie die aktive Mitgestaltung des Beratungsprozesses durch den zu Beratenden oder die zu Beratende sind gut im Lerncoachingprozess in der Schule zu verwirklichen. Irrationale, negative Selbstattributionen zu bearbeiten, kann ebenfalls Aufgabe von Lerncoaching sein – dies ist mit lernpsychologischen Prinzipien vereinbar.

Auch für das Gruppencoaching von Schüler(inne)n gibt der Ansatz Anregungen: Durch gemeinsames Thematisieren von (Lern- oder Verhaltens-)Problemen, dem gemeinsamen Aufstellen von Regeln und mit Verstärkungs- und Modelllernen in der Umsetzungsphase kann Lerncoaching in Gruppen wichtige methodische Impulse erhalten.

Der Beitrag des systemischen Beratungsansatz für Lerncoaching in der Schule

Die Systemtheorie ist besonders geeignet, um Prozesse in der Klasse, in Kollegien und im System der gesamten Schule begreifbar zu machen. So wird ›störendes Verhalten‹ von Schüler(inne)n als Verhalten in einem System von Personen und Regeln verortet. Dadurch werden alle Beteiligten eines Systems mit in die Verantwortung genommen und es wird verdeutlicht, welchen Teil diese zur Veränderung des Systems beitragen könnten. Damit wird der systemische Ansatz der Komplexität des Systems Klasse/Lerngruppe oder Schule gerecht. Besonders für Lerncoaching in Gruppen können deshalb aus dem *systemischen Ansatz* wichtige methodische Anregungen gewonnen werden.

Die Erkenntnis, dass Schüler(inne)n als Teil verschiedener sozialer Systeme (Klasse/Lerngruppe, Familie, Peer-Group) zu betrachten sind, ist wesentlich für Lerncoaching von Schüler(inne)n durch die Lehrkraft. Gleichzeitig muss sich der Lerncoach selbst als Teil eines Systems begreifen, in dem die Schülerin oder der Schüler ebenfalls verortet ist. Damit ist der Lerncoach ebenfalls in der »Kommunikationsschleife« (Nicolaisen 2013, S. 36) des sozialen Feldes, indem sich auch der Schüler oder die Schülerin befindet. Dies verweist wiederum auf die Beziehungsebene zwischen Lerncoach und Schüler(in), die *horizontal* gestaltet werden sollte, damit die Kommunikation möglichst störungsfrei ablaufen kann.

Der *systemische Ansatz* arbeitet mit dem Konstrukt komplexer, dynamischer Systeme, die in dauernder Veränderung seien. In der *systemischen Beratungstheorie* wird dementsprechend das komplexe, soziale System der zu Beratenden betrachtet – also bei Schüler(inne)n auch ihr häusliches und schulisches Umfeld sowie ihre Peers (vgl. Hardeland 2015, S. 34, siehe auch Schnebel 2007, S. 50). Damit werden in der *systemischen Beratung* Interaktion und Kontexte ins Zentrum der Betrachtung gesetzt und somit ein Ursache-Wirkungs-Denken zugunsten einer Perspektive aufgegeben, die Zusammenspiele, Kreisläufe und Wechselwirkungen betrachtet (vgl. ebenda). Ewald Brunner sieht die Vorläuferinnen der *Systemischen Beratung* in der Systemischen Therapie bzw. in der Familientherapie (vgl. Brunner 2004, S. 655).

Vertreter(innen) des *systemischen Beratungsansatzes* gehen davon aus, Mitglieder eines Systems erfüllen jeweils bestimmte Rollen; so auch Lernende (vgl. Hardeland 2015, S. 34 f.). Somit geht mit dem systemischen Beratungsverständnis ein verändertes Problemverständnis einher: Verschiedene Vertreter(innen) dieses Ansatzes sehen die Funktion von Problemen als Vorboten einer (positiven) Veränderung. Ein Symptom wird also bei allen systemisch orientierten Beratungsansätzen nicht mehr grundsätzlich negativ betrachtet, sondern bewusst im jeweiligen Kontext in seiner positiven Funktion wahrgenommen. (vgl. Hardeland 2015, S. 35, siehe auch Schnebel 2007, S. 50).

Der Beitrag des Konstruktivismus zum systemischen Beratungsansatz liegt in der Idee, dass lebendige Systeme sich selbst organisieren und ihre Wirklichkeit selbst erschaffen (vgl. Brunner 2004, S. 658). Die *Förderung der Selbstreflexivität*, die als Paradigma von Coaching betrachtet werden kann (vgl. DBVC. Deutscher Bundesverband Coaching e.V. o.J.: o.S.) korreliert also mit dem systemischen Beratungsverständnis und geht auf den Konstruktivismus zurück. Dadurch ist der Einsatz systemischer Methoden beim Lerncoaching von Schüler(inne)n geeignet.

Die Methoden des systemischen Ansatzes zielen entsprechend ihrer Theorie nicht auf die Person als Ursache eines Problems, sondern auf die Interaktionsmuster der Systemmitglieder. Aus diesem Grund werden durch Fragestellungen, aber auch durch andere Methoden, wie Systemaufstellungen, Rollenspiele, der Anwendung von Organigrammen, Skulpturen oder anderen symbolischen Darstellungen versucht, Regeln und Muster zu veranschaulichen, um sie schließlich veränderbar zu machen (vgl. Schnebel 2007, S. 52 f.). Stefanie Schnebel beruft sich auf Artist von Schlippe und Jochen Schweitzer (1996), wenn sie die typischen Fragetechniken für systemisches Vorgehen zusammenträgt. Ergänzt wird diese Liste durch den pädagogischen Psychologen Ewald Brunner (2004):

- *zirkuläre Fragen* (Fragen, die den Blick auf die Funktion von Verhaltensweisen im Beziehungssystem richten);
- *Frageformen, die Unterschiede verdeutlichen* (dabei werden auch Skalierungsfragen oder Fragen zu quantitativen Einordnungen verwendet);
- Fragen zur Wirklichkeitskonstruktion;
- Fragen zur Möglichkeitskonstruktion;
- Fragen zu Beginn und Abschluss einer Beratung (vgl. Schnebel 2007, S. 51 f.);
- *Reframing-Fragen* (Fragen, die die Neurahmung – also Neubewertung – eines Problemsystems anregen) (vgl. Brunner 2004, S. 659).

Dieser Ansatz hat aber auch seine Grenzen: Er birgt die Gefahr, sich in einer Beliebigkeit (theoretischer) Systeme zu verlieren. Die Schülerin oder der Schüler als Einzelperson mit ihren oder seinen Gefühlen und ihrer oder seiner individuellen Geschichte wird weniger berücksichtigt. Außerdem sind die Fragetechniken stark kognitiv orientiert. Die symbolischen Methoden (Rollenspiele, Systemaufstellungen) sind aber ganzheitlicher (vgl. Schnebel 2007, S. 53).

Fazit für die Praxis von Lerncoaching in der Schule

Abschließend soll nun kurz diskutiert werden, ob ein bestimmter Beratungsansatz oder aber eine Integration verschiedener Ansätze beim Lerncoaching von Schüler(inne)n durch Lehrkräfte bevorzugt werden sollte. Dabei möchte ich mich eindeutig positionieren: Es sollte kein bestimmter Beratungsansatz favorisiert werden, sondern eine Kombination verschiedener Ansätze bevorzugt werden.

Auch Hanna Hardeland plädiert für ein integratives Vorgehen, das von folgenden Faktoren abhängig zu machen sei:

- dem Ziel, den Bedürfnissen und dem Thema des Lerncoachees,
- der Persönlichkeit des Lerncoachees,
- der verfügbaren Zeit im Lerncoachingprozess,
- den Kompetenzen bzw. der persönlichen Entwicklung des Lerncoachees (vgl. ebenda S. 41).

Die verschiedenen Vorzüge der Beratungsansätze sind durch die Darstellung verdeutlicht worden: Die wertschätzende Beziehung zwischen Lerncoach und Schüler(in) wird durch den personenzentrierten Beratungsansatz gesetzt, der sich im Paradigma einer horizontalen Beratung ausdrückt. Der Konstruktivismus bietet die Grundlage für die Haltung der Lehrenden zum Lerncoaching: Lerncoaching bedeutet in erster Linie Hilfe zur Selbsthilfe. Beim lösungsorientierten Ansatz wird der Blick in Richtung der Ressourcen sowie der Problemlösung der Schülerinnen und Schüler gelenkt. Im kognitiv-verhaltenstherapeutischen Ansatz findet man Techniken für die Arbeit an konkreten Verhaltensänderungen. Der systemische Ansatz, aber auch das Empowerment-Konzept bieten besonders viele Anregungen für das Lerncoaching in Gruppen.

An dieser Stelle soll aber noch ein anderer (praktischer) Gesichtspunkt in die Diskussion eingebracht werden: Eine Lehrkraft wird nur jeweils *den* Beratungsansatz anwenden, den sie in ihrer Aus- oder Weiterbildung kennengelernt oder sich selbst angeeignet hat. Es kommt also jeweils darauf an, welche Grundausbildung Lehrkräfte für das Lerncoaching von Schüler(inne)n erhalten: eine integrative oder aber sich einem bestimmten Ansatz verpflichtet fühlende.

2.5 Grundsätzliche gedankliche Muster des Coachings und der Beratung

Die Paradigmen – also die grundsätzlichen gedankliche Muster – des Coachings sollen hier in kurzer Weise zusammenfassend dargestellt werden; dabei wird jeweils verdeutlicht, aus welchem Beratungsansatz sie entstammen. Alle dargestellten Paradigmen werden beim Lerncoaching von Schüler(inne)n – wie in allen anderen Feldern von Coaching – je nach Schwerpunktsetzung beachtet.

Haltung des Coaches – horizontale Beratung

Die Haltung des Coaches ist grundsätzlich eine nichtwissende und entspricht den beraterischen Grundhaltungen nach C. Rogers: *Empathie, Akzeptanz und Echtheit*. Diese Grundhaltungen des Coaches impliziert eine Beratung auf Augenhöhe, die als *horizontale* Beratung bezeichnet und als wertschätzend charakterisiert werden kann (vgl. Hardeland 2015, S. 6). Hanna Hardeland drückt diese Haltung in folgender Skizze treffend aus:

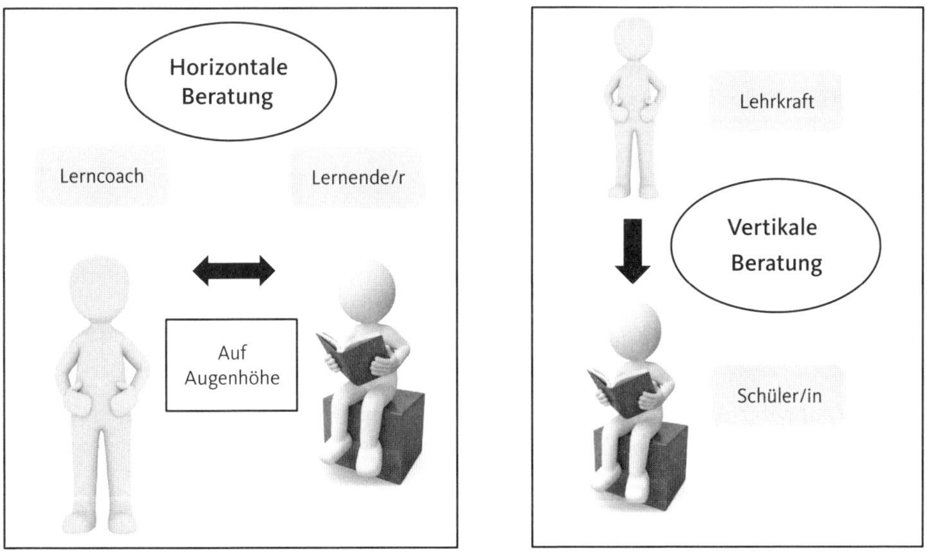

Abbildung 3: Coaching als horizontale Beratung im Vergleich zum Lehrer(innen)- Schüler(innen)-Gespräch. Nach: Hardeland 2015, S. 6.

Der Coachee bzw. die Schülerin oder der Schüler wird als Experte für das eigene Selbst gesehen, dem Hilfe zur Selbsthilfe gegeben wird (vgl. DBVC. Deutscher Bundesverband Coaching e.V. o.J., o.S.).

Lösungsorientierung und Ergebnisorientierung

In der Definition des Deutschen Bundesverbandes Coaching e.V. wird Coaching »[a]ls ergebnis- und lösungsorientierte Beratungsform« (DBVC. Deutscher Bundesverband Coaching e.V. o.J., o.S.) gesehen.

Lösungsorientierte Beratungsansätze unterscheiden sich von anderen Ansätzen vor allem durch einen wesentlich geringeren Raum der Problemanalyse. Probleme, Konflikte oder Störungen werden nicht vertieft. Die Lösungsfindungen, schrittweise zu erarbeiten, liegen dabei im Fokus. Im deutschsprachigen Raum wird der lösungsorientierte Beratungsansatz in erster Linie mit Günter Bamberger in Verbindung gebracht. Dabei wird mit der Lösungsorientierung bereits ein Ziel bzw. ein Ergebnis in den Blick genommen, das durch die konsequente Einbeziehung von Ressourcen und vorhandenen Kompetenzen des Coachees verfolgt wird (vgl. Schnebel 2007, S. 54). Eine Verbindung zu ressourcenorientierten Beratungsansätzen ist beim lösungsorientierten Beratungsansatz gegeben.

Die Ergebnisorientierung von Beratung wird besonders in kognitiv-behavioralen Beratungsansätzen beachtet. Hier wird gemeinsam mit dem Coachee ein Ziel in den Blick genommen, das erreichbar ist. Auch die einzelnen Schritte bis zum Ergebnis entwickelt der oder die zu Beratende aktiv mit dem Coach (vgl. ebenda S. 42).

Ressourcenorientierung

Ressourcen stellen den Gegenpol zu Problemen dar. Mit der Ressourcenorientierung wird ein Ansatz verfolgt, der gezielt die personalen, sozialen und materialen Ressourcen in den Blick nimmt. Dabei wird die Ressourcendiagnostik (Erfassung persönlicher Stärken, soziale Netzwerk- und Unterstützungsanalyse) gleichberechtigt neben der Problemdiagnostik gesehen (vgl. Bamberger 2004, S. 740 f).

Darüber hinaus werden in einer ressourcenorientierten Grundhaltung von Coaching die individuellen Ressourcen gestärkt, um den Menschen zu Selbstbefähigung und Stärkung der Autonomie und Eigenmacht (Empowerment) zu befähigen.

Förderung der Selbstreflexivität

Die Förderung der Selbstreflexivität und Selbstwahrnehmung des Klienten bzw. Coachees wird in der Definition des Deutschen Bundesverbandes Coaching e.V. als »grundsätzliches Merkmal des professionellen Coachings« (DBVC. Deutscher Bundesverband Coaching e.V. o.J.: o.S.) gesehen.

Dieses Prinzip korreliert mit dem systemischen Beratungsansatz sowie dem Konstruktivismus. Der Denkprozess und damit die Selbstreflexion soll beim Cochee grundsätzlich angeregt werden, damit die Lösung des Problems selbst konstruiert wird (vgl. Hardeland 2015, S. 36).

Alle dargestellten Paradigmen werden beim Lerncoaching von Schüler(inne)n – wie in allen anderen Feldern von Coaching – je nach Schwerpunktsetzung beachtet.

Beratungstheoretische Ansprüche: Lerncoaching als professionelle Herausforderung für Lehrkräfte

> »Also es gibt halt eine Diskrepanz, weil viele von uns sagen, das [Coaching] ist das Kernstück, das Herzstück oder wie auch immer. Das Wichtigste. Und aber die anderen Fächer, die haben wir vier Jahre lang studiert und da haben wir noch nicht mal eine Fortbildung dazu gemacht.« (Realschullehrer, der Lerncoaching an einer Gemeinschaftsschule praktiziert)

Die Prinzipien und Paradigmen des Coachings verweisen grundsätzlich auf ein Menschenbild, das den Menschen als *rational, autonom* und *intentional* annimmt (vgl. Schnebel 2007, S. 46). Lerncoaching wird aber in der Schule von Lehrkräften praktiziert, die Kinder und Jugendliche pädagogisch begleiten (wollen) und damit ihren Bildungs- und Erziehungsauftrag ernst nehmen. Das Praktizieren von Lerncoaching bedeutet für die Lehrkräfte damit eine Herausforderung: Die gesetzlichen Bestimmungen und der Bildungs- und Erziehungsauftrag der Schule geben einen Rahmen vor, der eher den Begleitcharakter des Lerncoachings betont.

Andererseits wird mit dem Paradigma der horizontalen Beratung eine Autonomie des Coachees postuliert, die von der Lehrkraft ernst genommen werden muss. Dabei wird durch diese postulierte Autonomie das bisherige Selbstkonzept einer Lehrkraft in Frage stellt. Doris Wittek (2013) sieht die Entwicklungsaufgabe ›Rollenfindung‹ als eine der vier großen Entwicklungsaufgaben, die Lehrkräfte durch die Veränderung der Arbeit in besonders heterogenen Lerngruppen, zu bewältigen haben, um zu einem gelungenen Selbstkonzept zu kommen (vgl. Wittek 2013, S. 124 f.). Miriam Hellrung konnte in ihrer Studie zum Handeln von Lehrerinnen und Lehrern im individualisierten Unterricht feststellen, dass das Selbstverständnis der Lehrenden als Unterstützer oder Unterstützerin von Lernprozessen, also ein gelingender Rollenwechsel hin zum Selbstkonzept als Lernbegleiterin oder Lernbegleiter, eine geringere Belastung für die Lehrkräfte im Transformationsprozess bedeute (vgl. Bastian; Hellrung 2011, S. 9).

Das Praktizieren einer *veränderten Haltung* gegenüber der Schülerin bzw. dem Schülerin durch das Führen von Lerncoachinggesprächen, in denen diese *horizontale Haltung* immer wieder eingenommen wird, könnte sich dabei auf das professionelle

Selbstverständnis einer Lehrkraft auswirken und somit als *Chance* für die Lehrkräfte erweisen, die in heterogenen Lerngruppen arbeiten.

Gleichzeitig wurde bei der Diskussion der Prinzipien des Coachings in Kapitel 2.3 deutlich, dass ein professionelles Lerncoaching durch eine Lehrkraft nur gelingen kann, wenn sich die Lehrkräfte mit ihrer Rolle als Lehrkraft und Lerncoach bewusst, selbstkritisch und reflexiv beschäftigen. Die selbstkritische, reflektierende Rückwendung auf die eigene berufliche Entwicklung wird als zentraler Motor für die (Weiter-)Entwicklung professioneller Fähigkeiten – also der Professionalisierung – gesehen (vgl. Terhart 2011a, S. 207). Die Begleitung dieses Professionalisierungsprozesses kann durch Fort- und Weiterbildungen entscheidend positiv beeinflusst werden (vgl. Bennemann; Schönknecht 2016, S. 20).

Die Ergebnisse meiner eigenen Studie zu Lerncoaching und Lehrkräfteprofessionalität machen deutlich, dass eine Forderung nach einer qualifizierenden Fort- und Ausbildung der Lehrkräfte Voraussetzung für eine qualitative Praxis des Verfahrens ist. Von den Lehrkräften des Praxisforschungsprojektes wird besonders der Bedarf an Fortbildung in Gesprächsführung eingefordert:

> »Schwierig ist es noch für mich, wenn ein Schüler sehr einsilbig auf meine Fragen antwortet«.
>
> (Grund- und Hauptschullehrerin, die Lerncoaching an einer Gemeinschaftsschule praktiziert)

Als besonders zielführend für die Entwicklung der Professionalität als Lehrkraft, die als Lerncoach arbeitet, muss die Begleitung durch Supervision gesehen werden (vgl. Bennemann; Schönknecht ebenda). In meiner eigenen Studie wurde dieses Professionalisierungselement ebenfalls gewünscht:

> »Mehr Coaching für uns Lehrer(innen) bzw. Zeit für Supervision bzw. Fallbesprechung. Regelmäßige Fortbildungen für uns.«
>
> (Realschullehrerin, die Lerncoaching an einer Gemeinschaftsschule praktiziert)

Hanna Hardeland fasst eine gelungene Lerncoaching-Arbeit in ein Kompetenzmodell zur Beratungskompetenz, das sie in drei wesentliche Aspekte untergliedert:

- die Haltung des Coaches,
- die Gestaltung des Lerncoaching-Prozesses und
- die Gesprächsführung/-technik (vgl. Hardeland 2015, S. 64).

Sie bezieht sich bei ihrer Bestimmung der genannten drei Kompetenzbereiche auf eine Studie von Mc Leod (2004), in der Wirkfaktoren von Coaching untersucht werden.

Als besonders relevantem Faktor für die Wirksamkeit von Coaching wird eine *positive Beratungsbeziehung* gesehen. Diese Beratungsbeziehung wird durch eine kompetente Gestaltung des Coaching-Prozesses unterstützt, bei der eine Ergebnisorientierung von den Klientinnen und Klienten als besonders wirksam eingeschätzt werden (vgl. Mäthner et al. 2005, S. 72 f.). Eine systematische Reflexion des Lerncoachingprozesses kann durch Supervision mithilfe erfahrener Coaches in einer professionellen Weise gewährleistet werden und kann »nicht in einem eintägigen Seminar oder durch das Lesen eines Buches erworben werden« (Hardeland 2015, ebenda).

Zusammenfassend kann also festgehalten werden: Es bedarf qualifizierender Fortbildungsmaßnahmen sowie strukturell verankerter Reflexionsunterstützung, um die Qualität des innovativen pädagogischen Handlungskonzeptes des Lerncoachings zu sichern. Erst wenn dies gegeben ist, kann von einer echten Professionalisierung der Lehrkräfte durch Lerncoaching gesprochen werden. In Kapitel 7.2 werde ich darauf nochmals eingehen.

Ob nun Lerncoaching mit der sogenannten Ökonomisierung pädagogischer Prozesse in Zusammenhang gebracht werden kann oder doch vielmehr in einem beratungstheoretisch-lernpsychologischen Rahmen verortet werden muss, mag nun jede Leserin und jeder Leser nach der ausführlichen theoretischen Einordnung für sich entscheiden. Im folgenden Kapitel sollen nun die Ziele und Chancen für Schülerinnen und Schüler fokussiert werden, wenn Lerncoaching durch Lehrkräfte in der Schule praktiziert wird.

3 Lerncoaching – pädagogische Begleitung und Beratung von Schüler(inne)n durch Lehrkräfte

»Lehrer, lehrt weniger, damit die Schüler mehr lernen können!«

Johann Amos Comenius (1592-1670), tschechischer Theologe, Philosoph und Pädagoge

Lerncoaching in der Schule bedeutet die pädagogische Begleitung und Beratung jedes einzelnen Schülers und jeder einzelnen Schülerin bei seiner oder ihrer (Lern)Entwicklung *durch Lehrkräfte*. Entscheidend ist bei dem Konzept des *begleitenden Lerncoachings*, dass dieses nicht durch einen externen Lerncoach erfolgt, sondern durch eine Lehrerin oder einen Lehrer der Schülerin oder des Schülers. Im Regelfall wird dabei Lerncoaching über einen *längeren Zeitraum durch die Lehrkraft* geleistet (vgl. Pallasch; Hameyer 2012, S. 112). Dieses Konzept von Lerncoaching ermöglicht Raum und Zeit für die Arbeit an der Beziehung zwischen Lehrkraft und Schülerin oder Schüler.

»Ich finde es [Lerncoaching] wichtig, um die Schülerinnen und Schüler auf ihrem Weg – schulisch als auch im Leben – entsprechend zu begleiten.«
(Realschullehrerin, die Lerncoaching an einer Gemeinschaftsschule praktiziert)

An dieser Stelle möchte ich die *Ziele und Chancen* in den Blick nehmen, die Lerncoaching *durch Lehrkräfte* für Schülerinnen und Schüler bietet.

3.1 Lerncoaching als ganzheitliche Förderung von Schülerinnen und Schülern

Als übergeordnetes Ziel von Lerncoaching muss die *Selbstregulation* der Lernenden gesehen werden. Die Fähigkeit zur funktionalen Selbstregulation wird neben einem aktiven und flexiblen Bewältigungsverhalten (Coping) als wesentlicher Resilienzfaktor gesehen.

> »Die Selbstautorität ist erst dann vollkommen verwirklicht, wenn der Lernende nicht nur eigenständig lernt, sondern dabei seinen eigenen Lernprozess auch eigenständig steuern kann: der Lerner plant die vorzunehmenden Maßnahmen – seinen eigenen Unterricht – und bewertet die Güte des Prozesses im Hinblick auf das von ihm gesetzte Lernziel. [...] Selbstregulation als pädagogisches Ziel verweist also auf das Erlenen ganz spezieller übergeordneter Lernkompetenzen« (Pallasch; Hameyer 2012, S. 99f.).

Resilienz ist nicht als angeborenes Persönlichkeitsmerkmal zur Stressresistenz bzw. psychischer Widerstandsfähigkeit zu sehen, sondern wird als Kompetenz gefasst, die durch Interaktionen mit der Umwelt erworben werden kann (vgl. Wustmann 2004, S. 28).

In diesem Sinne kann als übergeordnetes Ziel von Lerncoaching in der Schule die Förderung der Selbstregulation und damit die Förderung der Resilienz von Schüler(inne)n formuliert werden. Wie dieses übergeordnete Ziel erreicht werden kann, kann in einem Modell zur Förderung von Kompetenzen der Schüler(innen) verdeutlicht werden.

Hanna Hardeland (2015) fasst Lerncoaching in einem Modell des Kompetenzerwerbes von Schüler(inne)n. Dabei unterscheidet sie die Kompetenzbereiche »Fachkompetenz, Methodenkompetenz, sozial-kommunikative Kompetenz und Personalkompetenz« (Hardeland 2015, S. 21). Sie weist in ihrer Darstellung der Kompetenzen darauf hin, dass die verschiedenen Kompetenzbereiche nicht starr voneinander zu trennen seien, sondern sich hingegen gegenseitig verstärkten.

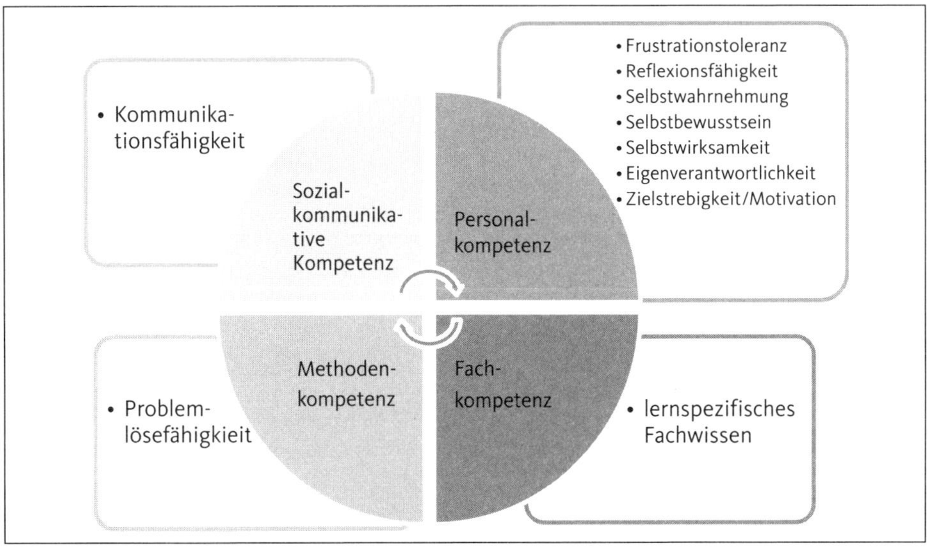

Abbildung 4: Förderung von Kompetenzen durch Lerncoaching nach Hardeland 2015, S. 21.

»*Fachkompetenz*« nennt Hanna Hardeland auch »lernspezifisches Fachwissen« (ebenda S. 26). Diese Kompetenz verweist auf die Verortung von Lerncoaching in der konstruktivistischen Didaktik und kann auch als Lernprozessberatung bezeichnet werden (vgl. Bastian; Hellrung 2011, S. 9). Die Autorin erläutert die Fachkompetenz als solche, die zum Ziel habe »relevante Kenntnisse rund um das Thema Lernen und lernbeeinflussende Faktoren« (Hardeland 2015, ebenda, Hervorhebung im Original) der oder des Lernenden zu thematisieren. Wenn der Lerncoach zusammen mit der Schülerin oder dem Schüler auf den Lernweg in einzelnen Fächern im Sinne der Diagnose und des formativen Feedbacks schaut, wird die Ausbildung der Fachkompetenz gestärkt (siehe die Ausführungen im nächsten Kapitel).

»Ich versuche auch mit den Kindern zusammen Strategien zu entwickeln, um Lernschwierigkeiten zu überwinden.«
(Gymnasiallehrerin, die an einer Gemeinschaftsschule Lerncoaching praktiziert)

Methodenkompetenz beschreibt die Fähigkeit des Coachees seine Problemlösefähigkeit selbst zu optimieren (vgl. Hardeland 2015 ebenda). Die Probleme können sowohl im Lernen angesiedelt sein, als auch andere Lebensbereiche des Coachees betreffen. Das Paradigma der Förderung der Selbstreflexivität und Selbstwahrnehmung durch Lerncoaching hängen eng mit der Entwicklung der Methodenkompetenz des Schülers oder der Schülerin zusammen. Die Methodenkompetenz korreliert sowohl mit dem beraterischen Grundprinzip der Hilfe zur Selbsthilfe, als auch mit einem konstruktivistischen Lernverständnis. Konkret geht es dabei im Lerncoaching um die Reflektion von Lernstrategien im Lernprozess.

Was Hanna Hardeland »Methodenkompetenz« nennt, wird mittlerweile in der Lehr-Lernforschung als sog. ›meta-kognitive-Strategien‹; bezeichnet. Damit ist das strategische Nachdenken über das Lernen und Denken des Schülers oder der Schülerin gemeint. Die Vermittlung von metakognitiven Strategien gilt heute als eine der wirksamsten Interventionen in Lernprozessen. Hattie (2013, S. 224) identifiziert die Vermittlung fachlicher und überfachlicher metakognitiver Strategien mit einer Effektstärke von d=0,69 als besonders wirksam (vgl. Sliwka 2018, S. 53). Im Lerncoaching werden metakognitiven Strategien ausgebildet und trainiert.

»Des Weiteren finde ich gut, dass die Schüler über ihre Erfolge und Schwierigkeiten nachdenken sollen. Im späteren Berufsleben werden sie ihre Stärken und Schwächen aber auch ihre Arbeit immer wieder reflektieren müssen.«
(Grund- und Hauptschullehrerin, die an einer Gemeinschaftsschule Lerncoaching praktiziert)

Sozial-kommunikative Kompetenz wird durch das Führen von Lerncoachinggesprächen gefördert (vgl. Hardeland 2015, S. 22). Die Methoden, die in Coachinggesprächen trainiert werden, sind in erster Linie Gesprächstechniken, die die Schüler(innen) durch das Lerncoaching erlernen und anwenden. Das Verbalisieren von Emotionen, Denkprozessen und Vorgehensweisen schult dabei die Kommunikationsfähigkeit der Coachees (vgl. ebenda).

Schließlich ist die Ausbildung der *Personalkompetenz* der gecoachten Person, die Kompetenz, die die meisten Aspekte umfasst: die Frustrationstoleranz wird gestärkt; die Selbstwahrnehmung wird aktiviert und damit das Selbstbewusstsein, die Selbstwirksamkeit und die Eigenverantwortlichkeit gefördert.

»Schülerinnen und Schüler erhalten Sicherheit in ihren Lernprozessen und im Umgang mit anderen.«
(Gymnasiallehrerin, die Lerncoaching an einer Gemeinschaftsschule praktiziert)

Die genannten Aspekte der Ausbildung der *Personalkompetenz* führen zu *Empowerment* der Schüler(innen). Dieses Empowerment bewirkt wiederum, dass die Zielstrebigkeit und Motivation der Coachees gefördert wird (vgl. ebenda S. 24 ff.). Die Stärkung der Personalkompetenzen als wesentliches Ziel von Lerncoaching verweist auf einen ganzheitlichen Beratungsbegriff, der über die Verortung des Lerncoachings in einem konstruktivistischen-didaktischen Lernverständnis (als Lernberatung oder Lernprozessberatung) hinausgeht. Die Ausbildung von Personalkompetenz und die Förderung von Empowerment hängen eng mit dem übergeordneten Ziel von Lerncoaching zusammen: der Ausbildung von Selbstregulation.

»Coaching [ist] die beste Möglichkeit, um intensive Beziehungen zu den Schülerinnen und Schülern aufzubauen und sie so nicht nur in Bezug auf Lernen im engeren Sinne zu begleiten, sondern auch allgemeiner in ihrer Persönlichkeitsentfaltung zu begleiten!«
(Realschullehrer, der Lerncoaching an einer Gemeinschaftsschule praktiziert)

Bei der Förderung der Kompetenzen durch das Lerncoaching von Schüler(inne)n durch Lehrkräfte muss ein Aspekt bedacht werden, der wiederum Chancen des Lerncoachings für Schüler(innen) eröffnet: Wenn im Sinne des begleitenden Beratens Lerncoaching praktiziert wird, wird *jede* Schülerin und *jeder* Schüler durch eine Lehrkraft gecoacht und dadurch gefördert.

Diese Verbindlichkeit bietet die Möglichkeit, dass Lerncoaching in der Schule als *Begleitung und Unterstützung* der Schüler(innen) durch eine Lehrkraft verstanden werden kann, die verlässlich und im Regelfall über einen längeren Zeitraum von einer Lehrkraft geleistet wird. Der Aspekt der *Dauer* und *Verlässlichkeit* ist besonders relevant, wenn es um den Aufbau einer *stabilen Beziehung* zwischen Schüler(in) und Lehrkraft im Lerncoaching geht.

Internationale empirische Forschungsbefunde zum Coaching von Lernenden

Uwe Böning und Claudia Kegel (2015) machen es sich zur Aufgabe, den empirischen Forschungsstand zum Coaching zusammenzutragen. Sie zitieren Studien von Marr et al. (2011) sowie Vernon-Feagans et al. (2012), in denen jeweils die positive Wirkung von Coaching bei Schüler(inne)n mit Leseschwierigkeiten im Hinblick auf *fachliche Kompetenzen* nachgewiesen worden seien (vgl. Böning; Kegel 2015, S. 131).

Forschungsbefunde zum Einfluss des Coachings auf die *Förderung der Selbstregulation* von Schüler(inne)n können durch verschiedene Studien nachgewiesen werden: Wang (2013) weist nach, dass Coaching zu größerer Unabhängigkeit sowie Wendigkeit im Hinblick auf Lernverhalten und Lernziele von Schüler(inne)n führt (vgl. Böning; Kegel, S. 132). Eine Studie von Parker und Botelle (2009) zum Lernverhalten bei Studierenden und dem Zusammenhang von Coaching verdeutlicht die Verbesserung der Selbstaufmerksamkeit. In dieser Studie wurden auch Auswirkungen von Coaching im Hinblick auf emotionale Aspekte untersucht: Die Studierenden gaben an, dass das Coaching zu höherem Wohlbefinden und reduziertem Stressgefühl beitrage.

Die positive *Bedeutung der Selbstregulation* für das Lernen sowie als bedeutsamer Resilienzfaktor können durch ausreichende empirische Befunde belegt werden (vgl. Wang; Hertel; Walberg 1993; Gürtler; Perels; Markstrom et al. 2000; Schmitz 2002; Seiffge-Krenke; Klessinger 2000; Kramarski 2003; Labuhn; Hasselhorn 2008).

Im Hinblick auf die positive Bedeutung von Coaching auf das *Selbstkonzept* (Empowerment) von Schüler(inne)n kann eine Studie von Madden et al. (2011) angeführt werden. Hier wurde explizit ressourcenorientiertes Coaching angewandt (vgl. Böning; Kegel 2015, S. 131). Auf eine positive Beziehung zwischen Selbstkonzept und Lernleistung verweist wiederum John Hattie. Er bezieht sich dabei auf Studien von Hansford und Hattie (1982), Holden et al. (1990), Muller et al. (1988) sowie Multon et al. (1991). (vgl. Hattie 2015, S. 56).

In einer als ›Erfahrungsbericht‹ bezeichneten Studie, die an der Geschwister-Scholl-Schule in Tübingen (2011) durchgeführt wurde, wurden folgende Wirkungen des Lerncoachings auf Schüler(innen) an einer Gemeinschaftsschule Baden-Württembergs festgestellt:

- »Verbesserung des Lernverhaltens durch kontinuierliche und gezielte Rückmeldung
- Hinführung zu eigenständigem Lernen und Arbeiten
- Einüben von Techniken der Selbstorganisation

- Schulung und Selbstwahrnehmung bezogen auf die eigenen Stärken und Schwächen
- Ermutigung durch konstruktive Gespräche zwischen Coach und Lernenden« (Landesinstitut für Schulentwicklung 2014, S. 26).

Im Folgenden werden die Ziele von Lerncoaching weiter konkretisiert, indem auf die ursprüngliche Intention bei der Einführung in den Gemeinschaftsschulen eingegangen wird: die Rahmung des individualisierten Lernens durch Coachingverfahren.

3.2 Lerncoaching als Organisationselement im individualisierten Unterricht: Diagnosemöglichkeit und formatives Feedback

»Die Schülerinnen und Schüler im Lernprozess aktiv begleiten. Durch die Freiheit, die aufgrund der Veränderung des Lernens gegeben ist, benötigen die Schülerinnen und Schüler Hilfe, um sich in dieser Freiheit nicht zu verlieren. Selbständiges und selbstorganisiertes Arbeiten kann nur gelingen, wenn wir die Schülerinnen und Schüler begleiten, sie anleiten ihr Lernen zu reflektieren und Hilfen anbieten um effektiver lernen zu können. Selbständiges Lernen ohne Coaching ist ein alleine lassen der Schülerinnen und Schüler.«; (Realschullehrerin, die an einer Gemeinschaftsschule Lerncoaching praktiziert)

Die ursprüngliche Intention bei der Einführung von Lerncoaching als pädagogischem Handlungskonzept in integrativen Schularten wie den Gemeinschaftsschulen war und ist die Begleitung von Lernenden, die in individualisierten Lernarrangements lernen. Um offenere didaktische Konzepte bestmöglich in heterogenen Lerngruppen umsetzen zu können, wird eine Beratung der Lernenden durch Lehrende für unverzichtbar gehalten (vgl. Bohl 2013, S. 251, siehe auch Bastian; Hellrung 2011, S. 8). Je freier Schüler(innen) lernen, desto wichtiger wird die begleitende Funktion durch die Lehrkraft, deren Rolle sich dadurch zur Lernbegleitung wandelt. Der Lernprozess des Schülers oder der Schülerin wird dabei als »aktiver Aneignungsprozess« (Bastian; Hellrung, ebenda, S. 7) verstanden, der in jedem Individuum anders abläuft – das bedeutet eine konstruktivistische Sichtweise des Lernens (vgl. ebenda). Der Schulpädagoge Thorsten Bohl verdeutlicht die pädagogischen Elemente in einem adaptiven Unterricht (2013):

> »Die Individualisierung wird dadurch eingelöst, dass 1. systematisch diagnostiziert wird; 2. das Angebot strenger den Bedürfnissen der Lernenden angepasst [...] wird; 3. das Monitoring über Instrumente wie Kompetenzplänen erfolgt und 4. individuelle

Beratung bzw. Coaching mit verbindlichen Verfahren organisiert wird« (Bohl 2013, S. 250 f., Hervorhebung S. M.-L.).

In einem adaptiven Unterricht, in dem die Lernenden in ihren Lernprozessen begleitet werden, wird Diagnose, Lernberatung und Förderung durch die Lehrkraft verbunden. Lerncoaching ist dazu geeignet, als Organisationselement in einem solchen Lernarrangement zu fungieren und kann deshalb *als Gütekriterium* lernwirksamen adaptiven Unterrichts bezeichnet werden (vgl. Schnebel 2013, S. 3, siehe auch Reusser 209, S. 302).

Wie funktioniert nun die Unterstützung des individualisierten Lernens durch Lerncoaching konkret?

Die Schülerinnen und Schüler dokumentieren ihren individuellen Lernweg während des Fachunterrichts in ihrem Lerntagebuch/Logbuch. Die Darstellung des Lernweges erfolgt dabei auf Aufgabenebene, aber auch auf Ebene der Kompetenzerreichung (hier werden oft Kompetenzraster als visuelle Darstellung genutzt). Hierbei reflektiert sowohl die Schülerin oder der Schüler ihren oder seinen Lernfortschritt (in schriftlicher Form), als auch die Fachlehrkraft, indem sie Feedback (z. B. in Form von Smileys und/oder schriftlichen Kommentaren) gibt. Dieses Feedback erfolgt ebenfalls in schriftlicher Form im Lerntagebuch/Logbuch. Wenn nun die Schülerin bzw. der Schüler gemeinsam mit dem Lerncoach in das Lerntagebuch/Logbuch schauen, bietet dieser Blick die Grundlage für das Gespräch über den Lernprozess der Schülerin bzw. Schülers in den letzten Wochen. Durch intelligente Gestaltung der Lerntagebücher/Logbücher wird so ersichtlich, ob Lernschwierigkeiten oder Lerndefizite vorliegen. Folgend wird eine Doppelseite eines Lerntagebuches einer Gemeinschaftsschule dargestellt:

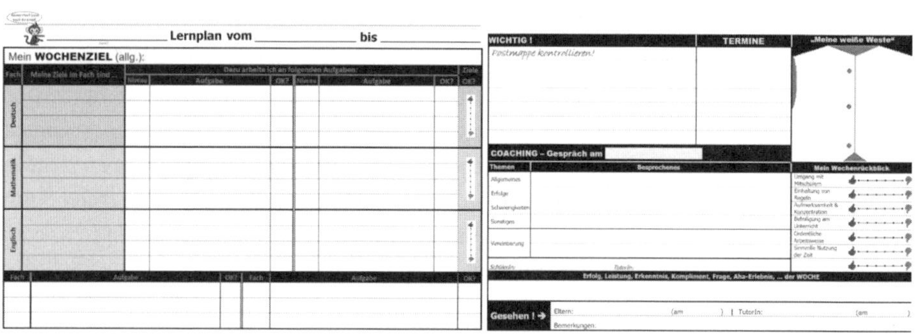

Abbildung 5: Lerntagebuch als Planungs- und Dokumentationsinstrument des Lernens in einer Gemeinschaftsschule. Quelle: Schöbel 2017, verkleinerte Darstellung.

Über den Lernprozess der letzten Wochen geht der Coach mit dem Coachee in ein Gespräch auf Augenhöhe. Die Lehrkraft nimmt dabei die Expertenrolle für das Lernen im Allgemeinen ein. Gleichzeitig werden auch die Schüler bzw. die Schülerinnen zu Experten und Expertinnen des eigenen Lernprozesses (vgl. Müller 2018). In der Phase der Zielfestlegung und der Erarbeitungsphase eines Coachinggespräches können so gemeinsam angemessene Strategien zur selbstverantwortlichen Gestaltung des Lernprozesses gefunden werden. Bei Lerncoachinggesprächen werden dabei sowohl fachliche, als auch motivationale und metakognitive Aspekte einbezogen. Als Ziel, aber auch Gestaltungsmoment des Gespräches über den Lernprozess sind dabei Selbstgestaltung und Selbstregulation durch den Lernenden zu sehen (vgl. Schnebel 2013, S. 10).

Wie das Lerncoachinggespräch sowohl als Möglichkeit der Diagnose als auch als Möglichkeit des Feedbacks wirken kann, soll folgend noch genauer erläutert werden.

Lerncoaching als Diagnoseinstrument und formatives Feedback

In adaptiven Unterrichtssettings kommt der Diagnose des individuellen Leistungsvermögens der Schülerinnen und Schüler besondere Bedeutung zu, um die Lernenden optimal zu fördern. Der Begriff *Diagnose* wird im individualisierten Unterricht im Sinne des sog. *formativen Feedbacks* (auch formativen Assessment) gebraucht. Ihr Ziel ist es, so genau wie möglich zu erfassen, was die Schülerinnen schon können und was nicht – dies aber nicht, um zu einer Beurteilung dieser im Sinne einer Klassifizierung zu kommen. Vielmehr wird die Diagnose immer verbunden mit Anregungen zum individuellen Weiterlernen und zur Adaption der Unterrichtsangebote an die individuellen Bedürfnisse der Schüler(innen) (vgl. Schmidinger et al. 2016, S. 61).

> »Es gibt kaum eine Intervention in Lernprozessen, die höhere Effektstärken erreicht als eine verbalisierte und detaillierte Rückmeldung an den Schüler, die ihm sagt, wie sich sein Lernprozess entwickelt hat, wo er im Verhältnis zu Bildungsstandards steht und welche Schritte erforderlich sind, um das nächste Lernziel zu erreichen.« (Sliwka 2018, S. 73)

Da für das Lernen personale Voraussetzungen, wie kognitive Fähigkeiten, emotionale Grundhaltungen, Einstellungen sowie das Selbstkonzept eigener Fähigkeiten eine entscheidende Rolle spielen (vgl. Gläser-Zikuda 2010, S. 369), können individuelle Fördermaßnahmen nur wirken, wenn sie genau diese individuellen personalen Voraussetzungen miteinbeziehen.

Wie kann nun Lerncoaching zu einer differenzierten Diagnose im Sinne des formativen Feedbacks beitragen?

Letztlich kann Lernen nur erschlossen und nicht direkt beobachtet werden. Durch Gespräche über den Lernprozess mit den Schülerinnen und Schülern erhalten Lehrpersonen Einblick in den aktiven, internen und individuellen Auseinandersetzungsprozess des einzelnen Schülers und der einzelnen Schülerin (vgl. ebenda S. 373). Im Lerncoaching wird zusammen mit den Schülerinnen und Schülern eingeschätzt und besprochen – also gemeinsam diagnostiziert –, wie der Lernprozess in den letzten

Wochen verlaufen ist. Wo sind motivationale, emotionale oder kognitive Probleme (überwunden worden)? Wo ist der Lernprozess gut verlaufen? Wie kann daran in anderen Fächern/bei anderen Problemen ressourcenorientiert angeknüpft werden? Das Lerntagebuch/Logbuch dient dabei als Grundlage für die Diagnose.

> »Vor allem schwächere Schülerinnen und Schüler brauchen strukturelle Hilfe und auch engere Kontrollen, Hilfe bei der Reflexion des Lernverhaltens.«
> (Realschullehrerin, die Lerncoaching an einer Gemeinschaftsschule praktiziert)

Der Diagnose folgt die individuelle Förderung der Schüler(in), indem im Lerncoaching Ziele und Lernschritte vereinbart werden, die im nächsten Lerncoachinggespräch wieder überprüft werden.

Wichtig ist die dabei die Zusammenarbeit und Rückbindung der Lerncoaches mit den Fachlehrkräften, um diesen ebenfalls einen Einblick in den individuellen Lernprozess der Schülerin oder des Schülers zu geben und/oder zu erhalten. Aus diesem Grund schätzen es die Lehrkräfte der Gemeinschaftsschule, an der ich das Praxisforschungsprojekt durchführte, wenn sie als Lerncoach den Schüler oder die Schülerin auch möglichst viele Stunden unterrichten oder gar Klassenlehrer(in) dieser sind. Denn die Arbeit mit dem Schüler oder der Schülerin an seinen personalen Voraussetzungen wirkt sich positiv auf die Beziehung zwischen Lehrkraft und Schüler(in) aus. Schließlich wird dadurch die Einstellung und Lernbereitschaft der Schülerin oder des Schülers zu dem Fach beeinflusst, das die Lehrkraft unterrichtet.

3.3 Lerncoaching mit Kindern und Jugendlichen unterschiedlichen Alters in der Schule

An dieser Stelle sollen die Inhalte des Lerncoachings in verschiedenen Altersstufen in der Schule konkretisiert werden. Der Anspruch einer Allgemeinbildung, die sich als zentrale Aufgabe einer allgemeinbildenden Schule versteht, lässt sich durch sieben konsensfähige Teilaufgaben konkretisieren. Diese formuliert Hans Werner Heymann (2013) folgendermaßen:

»Lebensvorbereitung
Stiftung kultureller Kohärenz
Weltorientierung
Anleitung zum kritischen Vernunftgebrauch
Entfaltung von Verantwortungsbereitschaft
Einübung in Verständigung und Kooperation
Stärkung des Schüler-Ichs« (Heymann 2013, S. 33).

Diese Aufgaben spannen einen pädagogischen Orientierungsrahmen, der das Lernen von Schüler(inne)n in einem recht weiten Sinne fasst. Gleichzeitig muss bedacht werden, dass Schüler(innen) eine große Zeitspanne ihrer zur Verfügung stehenden Tageszeit in der Schule verbringen, besonders wenn diese als Ganztagesschule organisiert ist. In diesem Fall erweitert sich das Schulangebot durch längere Betreuungszeiten, Mittagessen, Projekte und Arbeitsgemeinschaften sowie Freizeitaktivitäten. Lerncoaching im Anschluss an dieses erweiterte Bildungsverständnis hat dabei den Anspruch, die Schülerin oder den Schüler in ihrer oder seiner Ganzheit (im Lebensraum Schule) zu begleiten, um bei der Bewältigung ihrer und seiner Entwicklungsaufgaben zu unterstützen.

Das Konzept, mit dem das Aufeinandertreffen von innerer Entwicklung und äußeren Anforderungen bezeichnet wird, ist jenes der *Entwicklungsaufgaben*. Robert J. Havighurst (1972) formulierte, konstituierte und entwickelte dieses als erster für die lebenstüchtige Persönlichkeit. Diese bildet sich nach dem Konzept der *Entwicklungsaufgaben* nicht passiv durch Übernahme von Erfahrungen und Interpretationen anderer, sondern durch die tägliche Auseinandersetzung im sozialen Kontext – also mit Peers, mit Eltern, mit Lehrkräften usw.

Dieses Konzept impliziert innere Entwicklungsprozesse des Menschen *verbunden* mit gesellschaftlich bedingten Anforderungen. Anders ausgedrückt: »So wird das gesellschaftlich vorstrukturierte Programm des Lebenslaufs biographisch umgesetzt« (Fend 2000, S. 210). In der mittleren Kindheit (6-12 Jahre) sind dabei andere Entwicklungsaufgaben zu bewältigen als in der Jugendphase (12-18 Jahre) (vgl. Fend 2000, S. 211). Im Folgenden wird zunächst die Entwicklungsaufgabe des gelingenden Übergangs von der Primar- zur Sekundarstufe in den Blick genommen, den die Kinder zu bewältigen haben, wenn sie in die Sekundarstufe eintreten. Dabei wird jeweils thematisiert, inwiefern Lerncoaching als Unterstützung und Begleitung der Entwicklung des Kindes und Jugendlichen wirken kann.

Lerncoaching als Begleitung des Übergangs von der Grundschule in die Schule der Sekundarstufe

Der Übergangsprozess in die weiterführende Schule ist eine zentrale biographische Passage und bringt eine Vielzahl von Veränderungen mit sich (vgl. Treutlein; Schöler 2013, S. 170). Forschungsbefunde zum subjektiven Erleben dieses Überganges belegen zwar das Überwiegen der positiven Gefühle bei den meisten Kindern. Es gibt aber auch einige Kinder, die die Veränderungen als starke Bedrohung wahrnehmen (vgl. Kurtz et al. 2010, S. 343). Diemut Kucharz und Kollegen betonen, dass

> »zwar ein kleiner, aber dennoch deutlich bestimmbarer Teil von Kindern offenbar nicht über ausreichende Resilienz verfügt, und von dergestalt negativen Brüchen bei Übergängen betroffen ist. Ihre grundlegenden Bildungserfahrungen sind dadurch teilweise nachhaltig beschädigt: das betrifft vor allem Kinder mit Migrationserfah-

rung und Kinder aus so genannten bildungsfernen Familien bzw. aus sozial benachteiligten Familien (IGLU 2006; Gomolla/Radtke 2002; OECD 2001)« (Kucharz et al. 2011, S. 12).

Man kann zwei Blickrichtungen einnehmen, wenn man den gelingenden Übergangsprozess und seine Bedingungen betrachtet: den Blick auf die *Umwelt* und den Blick auf das *Kind*. Wenn der Blick auf die Umwelt gerichtet ist, steht die *Gestaltung* des Überganges im Fokus. Die Frage dabei ist, wie Kinder beim Übergang unterstützt und entlastet werden können. Wenn das Kind im Fokus der Betrachtung steht, kann betrachtet werden, wie es den Übergang als Entwicklungsaufgabe bewältigt (vgl. Mackowiak 2010).

Dabei ist die Resilienz eines Kindes eine entscheidende Fähigkeit, um mit Belastungen – wie sie der Übergang darstellt – positiv umgehen zu können. Als Resilienzfaktor, der erworben werden kann, muss besonders die *Selbstregulationsstrategie* eines Kindes hervorgehoben werden:

> »Eltern, Erzieher/innen und Lehrer/innen haben dabei die Aufgabe, Kinder in ihrer Selbstregulation zu unterstützen. Dies hat zur Folge, dass die Bemühungen nicht so sehr bzw. nicht alleine darauf ausgerichtet sein sollten Übergange möglichst sanft und reibungslos zu gestalten. Vielmehr sollte die Förderung der Selbstregulation einen zentralen Stellenwert in der Erziehung und pädagogischen Arbeit einnehmen« (Mackowiak 2010, S. 27).

Lerncoaching zu Beginn der Sekundarstufe I als Begleitung der Schüler(innen) kann hier in *doppelter* Hinsicht wirksam werden: Erstens kann der Übergang durch die Begleitung des Kindes *gestaltet und erleichtert* werden. Denn es können konkrete Schwierigkeiten und Probleme im Lerncoaching thematisiert werden, die das Kind beim Erleben des Übergangs empfindet. Darüber hinaus ist das übergeordnete Ziel von Lerncoaching die *Stärkung der Selbstregulation* der Coachees. Damit dient Lerncoaching der Forderung nach einer Stärkung der Selbstregulation und der Ausbildung der Kompetenz *Resilienz*, um den Übergang indirekt zu unterstützen.

Bei der Längsschnittstudie PRISE, die den Übergang von Schülerinnen und Schülern von der Primarstufe zur Sekundarstufe I in Heidelberg untersuchte (2002 bis 2008), wurden von den Schüler(inne)n folgende Bereiche auf die offenen Frage genannt, was an der neuen Schule besser/schlechter sei: »Schulgelände/-gebäude; Schulorganisation; Leistungsanforderungen; Hausaufgaben; viele neue Fächer; Lehrer/-innen; Arbeitsgemeinschaften und Außerunterrichtliches; Mitschüler/-innen; Cafeteria; Ganztagesbetrieb; Klassenmerkmale; Schulregeln; Vertrauenslehrer; Ältere Schüler/-innen; Schulweg; »klein«/»groß« zu sein; Bibliothek und Computer« (Treutlin; Schöler 2013, S. 177).

Diese vielfältigen Nennungen machen die Breite der Themen deutlich, die die Schüler(innen) in ihrem subjektiven Empfinden für relevant im Hinblick auf den Übergang halten und verdeutlichen gleichzeitig das Themenspektrum, das sich beim Lerncoaching von Schüler(inne)n in der Klassenstufe 5 (und 6) ergeben (kann). Lerncoaching als Begleitung des Übergangs von der Primar- zur Sekundarstufe I kann insgesamt als Hilfe zur Selbsthilfe gefasst werden, um die Schülerin oder den Schüler bei der Bewältigung der Entwicklungsaufgabe eines gelungenen Übergangs in die neue Schule zu unterstützen.

Lerncoaching mit Schülerinnen und Schülern in der Jugendphase

»Manches Coaching funktioniert jetzt schneller. Also gerade Kinder, die ein bisschen Zeit gebraucht haben, am Anfang, um ein Verhältnis aufzubauen, eine positive Bindung, Beziehung. Als die jetzt da war, haben die sich schneller geöffnet und man konnte schneller zum effektiven Coaching übergehen.«

(Gymnasiallehrerin, die Lerncoaching an einer Gemeinschaftsschule praktiziert)

Für die Jugendphase (12-18 Jahre) formuliert der Pädagoge Helmut Fend (2000) folgende Entwicklungsaufgaben:

- den Körper bewohnen lernen,
- Umgang mit Sexualität lernen,
- Umbau der sozialen Beziehungen,
- Umgang mit der Schule,
- Berufswahl,
- Bildung und
- Identitätsarbeit (vgl. Fend 2000, S. 222 ff.).

Im Anschluss eines erweiterten Bildungsverständnisses im Sinne einer Bildung im Lebensraum Schule (s. o.) wird der Anspruch deutlich, dass nicht nur die Entwicklungsaufgaben ›Umgang mit Schule‹, ›Berufswahl‹ und ›Bildung‹ im Lerncoaching als relevante Themen begleitet und unterstützt werden (können). *Alle* von Fend genannten Entwicklungsaufgaben können als Thema und damit als konkreter oder indirekter Inhalt im Lerncoaching von Schüler(inne)n relevant werden. Jeder Lerncoach sollte eine Offenheit gegenüber den Themen von Jugendlichen mitbringen, die für ihre Entwicklung von Relevanz sind. Wenn sich ein Lerncoach allerdings von einem Thema des Coachees überfordert fühlt, sollte er dies offen kommunizieren. Die beraterischen Grundhaltungen nach Carl Rogers gelten immer. Dies bedeutet, dass ein Coach im Sinne der Grundhaltung *Echtheit* (vgl. Nicolaisen 2013, S. 69), auch das Recht dazu hat, Themen des Coachees *nicht* zu bearbeiten. In diesem Falle ist für den Lerncoach die Grenze des Coachings erreicht und der Lerncoach sollte den Schüler oder die

Schülerin an andere Stellen – wie Schulpsycholog(inn)en oder Sozialpädagog(inn)en verweisen. Eine offene Kommunikation ist hierbei entscheidend.

Darüber hinaus muss das Bedürfnis nach *Peer Learning* in der Jugendphase bedacht werden, welches das Gruppencoaching für diese Altersgruppe von Schülerinnen und Schülern als geeignete Organisationsform des Lerncoachings auszeichnet – einige Schulen praktizieren Gruppencoaching aus diesem Grund ab Klassenstufe sieben oder acht (siehe dazu Kapitel 4.1).

Um die Inhalte von Lerncoaching zu konkretisieren und den Lehrkräften als Lerncoaches – trotz aller Offenheit im Lerncoaching – »Leitplanken« für die Themenwahl im Lerncoachinggespräch zu geben, erarbeiten einige Schulen ein Curriculum des Lerncoachings nach Jahrgangsstufen. Beispielhaft soll hier das Coaching-Curriculum einer Gemeinschaftsschule Baden-Württembergs gezeigt werden:

Jahrgangsstufe	Besonderheiten Schwerpunkte im Coaching
5	Übergang GS zur GMS (Gespräche mit der GS), Ankommen in der GMS, den Blick hinter das Kind richten (Familien und deren Verhältnisse kennenlernen), Zurechtkommen im Ganztag, Lernstrategien, Entwicklungsschwerpunkte (Leistung, Diagnose), Ende HJ 2: Französisch?
6	Französisch – wie läuft es?, Lernstrategien, Entwicklungsschwerpunkte ausdifferenzieren (Leistung, Diagnose), eventuell schon erste Niveaukonkretisierungen, Begleitung auf dem Weg des Lebens und Lernens, Mobbingprävention, Ende HJ 2: Wahlpflichtfach
7	Lernstrategien, Begleitung auf dem Weg des Lebens und Lernens, Adoleszenz, Mobbingprävention, Ende HJ 2: Profilfach
8/9	Schullaufbahnberatung, Förderung und Vereinbarungen nach Profil AC, Beratung bei Praktika: 2 Wochen Praktikum (HJ 2 in 8 und HJ 1 in 9), Prüfungsvorbereitung: erste Schritte

Tabelle 2: Inhaltsbeschreibung des Coachings nach Jahrgangsstufen. Quelle: Dietz; Noller 2016.

Durch das Curriculum der Schule wird deutlich, dass Fragen der Berufswahl und des Schulabschlusses in den höheren Klassenstufen relevant werden. Lerncoaching ist der geeignete Ort, um ein Berufspraktikum zu reflektieren oder weitere Schritte in der Berufsorientierung zu vereinbaren und zu überprüfen. Dies ist auch gut im Gruppencoaching möglich.

Im nächsten Kapitel wird auf die Organisation von Lerncoaching in der Schule eingegangen.

4 Die Organisation von Lerncoaching im Rahmen der Schule

»Das Schwierigste ist
die Entscheidung zu handeln,
der Rest ist Hartnäckigkeit.«

Amelia Earhart
(1897-1937)
Amerikanische Flugpionierin

Die Organisation des Lerncoachings von Schüler(inne)n kann nach ihrem zeitlichen Einsatz unterschieden werden – es wird nach Dauer, Häufigkeit und Zeitpunkt differenziert. Lerncoaching findet temporär, episodisch und periodisch statt (vgl. Pallasch; Hameyer 2012, S. 102 f.). Temporäres Lerncoaching ist dabei eine Kurzzeitintervention, die bei gezieltem Bedarf eingesetzt wird – beispielsweise bei speziellen Verständnisproblemen oder Lernproblemen. Beim episodischen Lerncoaching findet die Begleitung einer Schülerin oder eines Schülers über einen begrenzten Zeitraum statt – etwa zur Prüfungsvorbereitung (vgl. ebenda S. 103). Das periodische – also wiederkehrende – Lerncoaching wird als »begleitendes Beraten« (ebenda) bezeichnet. Diese Form des Einzelcoachings ist die wohl häufigste Organisationsform des Lerncoachings in der Schule durch Lehrkräfte.

> »Das Begleiten entsteht dadurch, dass Lerncoaching nicht nur auf situativen Bedarf hin stattfindet, sondern eine periodische Rückkopplung stattfindet, in der nicht ›einfach so‹ über das Gelernte geredet wird, sondern Beratung im Lernprozess zu einem wiederkehrenden Element wird, das fest in das Unterrichtsarrangement eingebaut ist« (Pallasch; Hameyer 2012, S. 103).

Im Folgenden werden die verschiedenen Organisationsformen von Lerncoaching in der Schule vorgestellt. Dabei beziehe ich mich im Wesentlichen auf die Organisationsformen, wie sie in den Gemeinschaftsschulen Baden-Württembergs anzutreffen sind, da an dieser integrierten Schulart das Recht auf einen Lerncoach für jede Schülerin und jeden Schüler verbindlich festgelegt wurde (vgl. Rux 2016, S. 373). Die an dieser Stelle beschriebenen Organisationsformen sind im Konzept des begleitenden Beratens nach Waldemar Pallasch und Uwe Hameyer (2012) verortet. In dem der eigentliche Coaching-Prozess beleuchtet wird, sowie das Protokollieren des Coachinggespräches im Lerntagebuch/Logbuch geklärt wird und schließlich die Erarbeitung eines Coaching-Konzeptes durch die Schule erläutert wird, werde ich in diesem Kapitel die eher praktische Seite von Lerncoaching in den Mittelpunkt stellen.

4.1 Organisationsformen des Lerncoachings von Schülerinnen und Schülern

Im Folgenden wird Lerncoaching nach der Sozialform differenziert. Lerncoaching findet meist in der Form von Einzelcoachinggesprächen außerhalb des Unterrichts, aber auch als Gruppencoaching statt. Beide Organisationsformen werde ich folgend erläutern.

Einzelcoaching

Lerncoaching findet im Regelfall als Einzelcoaching *außerhalb des Unterrichts* zwischen dem Lerncoach und der Schülerin oder des Schüles statt. Ein Lerncoachinggespräch dauert im Regelfall 15 bis 30 Minuten. Die Zeit für ein Lerncoachinggespräch richtet sich nach dem individuellen Beratungsbedarf der Schülerin oder des Schülers. Gleichzeitig richtet sich die Dauer aber auch nach der Anzahl der Schüler(innen), die von einem Lerncoach betreut werden.

Es werden in vielen Schulen am Ende des Lerncoachinggespräches die Vereinbarungen im Lerntagebuch/Logbuch (o.ä.) der Schülerin oder des Schülers dokumentiert (vgl. Ministerium für Kultus, Jugend und Sport Baden-Württemberg 2016, S. 24). Einige Schulen dokumentieren Lerncoachinggespräche mittlerweile auch in digitaler Form.

Für das Lerncoachinggespräch begeben sich Lerncoach und Coachee an einen ungestörten Ort außerhalb des Unterrichtes. Eine Sitzordnung über Eck wird empfohlen (vgl. Hardeland 2015, S. 12). Idealerweise sind genügend Besprechungszimmer für Lerncoachinggespräche vorhanden. Es ist aber in jedem Fall auf eine ungestörte Gesprächsatmosphäre zu achten.

»Das Coaching muss in einem geschützten Raum stattfinden. Ich selbst habe meistens einen Raum, da ich in der Lernbandzeit überhaupt nicht coachen kann, aber wenn jemand auf dem Gang coacht und ich gehe vorbei, dann höre ich automatisch immer zu, was gesprochen wird.«

(Grund- und Hauptschullehrerin, die an einer Gemeinschaftsschule Lerncoaching praktiziert)

Je nach Deputatsstundenanrechnung der Lehrkräfte und Lerncoachingkonzept der Schule findet das Coachinggespräch mit *jeder* Schülerin oder *jedem* Schüler idealerweise periodisch in einem Turnus von ca. zwei bis drei Wochen statt. (vgl. Landesinstitut für Schulentwicklung 2014, S. 14). Es sollte dabei bedacht werden, dass sich auch jüngere Schüler(innen) gut an das letzte Lerncoachinggespräch erinnern können sollen. Eine offene und sachgeleitete Diskussion in den Schulen über den Turnus und die Dauer der Lerncoachinggespräche ist demnach sinnvoll. An dieser Stelle muss darauf hingewiesen werden, dass die Verlässlichkeit der stattfindenden Coachinggespräche entscheidend von einer Gewährung von Arbeitszeit für die Lerncoaches abhängt (siehe dazu auch Kapitel 7).

Der Lerncoach der Schülerin oder des Schülers ist häufig der oder die Klassenlehrer(in). In vielen Schulen teilen sich dabei zwei Lehrkräfte die Klassenleitung und auch die Schüler(innen) als Coachees. In einigen Konzepten wird bewusst ein externes Lehrkräftecoaching umgesetzt, um das *Prinzip der Unabhängigkeit* im Lerncoaching zu wahren. Dies bedeutet, dass an diesen Schulen Lehrkräfte Lerncoaches sind, die nicht in der Lerngruppe der gecoachten Schüler(in) unterrichten. Diese Organisationsform wird aber weniger häufig praktiziert.

Gruppencoaching

»In höheren Klassenstufen kann ich mir vorstellen, dass das Lehrer-Coaching durch ein Peer-to-Peer Coaching ergänzt wird.«
(Realschullehrer, der an einer Gemeinschaftschule Lerncoaching praktiziert)

Das Setting der Gruppe nutzt die Möglichkeit des Lernens durch *Peers*. Der Begriff ›Peer‹ geht auf den Soziologen Charles H. Cooley (1864-1929) zurück, der das Konzept der sog. Primärgruppen prägte. Peer-Gruppen bezeichnen in aktuellen Fachliteratur Bezugsgruppen, welche ähnlichen Alters sind oder ein freundschaftliches Verhältnis zueinander haben (vgl. Treidler et al. 2014, S. 15). Gruppencoaching nutzt die Chance des *Peer Learnings*, das als eine Form des selbstregulierenden Lernens angenommen wird (vgl. ebenda). Peers charakterisieren sich nicht in erster Linie durch das gemeinsame Lebensalter, sondern »in erster Linie durch das für die Austauschprozesse konstitutive Prinzip der Gleichrangigkeit« (ebd.). Wenn nun Lerncoaching in der Gruppe stattfindet, wird dabei das Lernen zwischen Peers, die sich auf Augenhöhe begegnen, als systematisches Element des Coachings genutzt.

Das *Zürcher Ressourcen-Modell*, das speziell für Gruppen konzipiert wurde und als Ziel die Verbesserung des Selbstmanagements hat sowie das Konzept des *Live-Learncoaching* können Anregungen für Gruppencoaching geben. Bei dieser Form des Gruppencoachings führt der Coach ein Coachinggespräch mit einem Coachee, wobei die restlichen (maximal sechs Coachees) zuhören. Ziel dabei ist das Entwickeln von Empathie und idealerweise auch das Lernen am Modell durch die Peers. Es sollen dabei Strategien für das eigene (Lern-)Problem gelernt werden (vgl. Hardeland 2015, S. 16). Gruppencoaching kann für einen Austausch von Coachees in der Schule über Lernerfahrungen/Lernschwierigkeiten und die Entwicklung von Handlungsalternativen sowie zum Austausch über aktuelle Lernthemen oder -interessen und schließlich zur Entwicklung von Prüfungskompetenz eingesetzt werden (vgl. ebenda S. 15). Im Empowerment-Konzept nach Norbert Herriger ist die Gruppenebene ebenfalls ein relevantes methodisches Element für das Stiften von Sinnzusammenhängen (vgl. Herriger 2002, S. 5).

Auch im Setting der Gruppe soll den beraterischen Grundhaltungen nach Carl Rogers entsprochen werden. Der Inhalt des Gruppencoachings ist dadurch festgelegt: Hier sollten eben *keine* Lern*inhalte*, sondern individuelle Lern*prozesse* und das Lern*befinden* zum Thema gemacht werden (vgl. Nicolaisen 2013, S. 212). Im Gruppencoaching hat der Coaching-Prozess, wie im Einzelcoaching, einen begleitenden Charakter und richtet sich nach dem Alter und dem Entwicklungsstand der Schülerin oder des Schülers und ihren jeweiligen Entwicklungsaufgaben in den jeweiligen Jahrgangsstufen. Individuelle Probleme werden eher im Einzelcoaching geklärt. Die Methoden, die im Gruppencoaching angewendet werden, bedienen sich der Methoden der verschiedenen Beratungsansätze. Es werden dabei besonders Methoden eingesetzt, die aus dem systemischen oder dem kognitiv-behavioralen Beratungsansatz entstammen. Das spezielle Setting des Gruppencoachings muss ähnlich wie das pädagogisch-didaktische Format des ›Klassenrats‹ – mit den Gruppen geübt und ritualisiert werden. Der Coach sollte dabei nicht den Anspruch haben, jedem und jeder Lernenden gerecht werden zu können und kann sich dadurch leicht überfordert fühlen. Empfehlenswert ist aus diesem Grund ein Coaching mit zwei Coaches im Team (beispielsweise mit beiden Lerncoaches der Lerngruppe) und in kleinen Gruppen. Eine entsprechende Fortbildung der Lehrkräfte ist auch hier erforderlich.

In der Lerncoaching-Praxis der Gemeinschaftsschulen Baden-Württembergs wird versucht, die Stolpersteine, die für das Gruppencoaching identifiziert wurden, durch eine Mischform aus Einzelcoaching und Gruppencoaching zu minimieren. In einer Handreichung des Landesinstitutes für Schulentwicklung (2014) Baden-Württemberg wird das Lerncoaching-Konzept der Geschwister-Scholl-Schule Tübingen vorgestellt. Dieses Konzept verwirklicht in seiner Organisationsform eine Mischform aus Gruppen- und Einzelcoaching. Zwei Lerncoaches teilen sich dabei die Schüler(innen) einer Klasse; es werden sowohl Einzelgespräche mit den Coachees geführt als auch Gespräche in der Gruppe (vgl. Landesinstitut für Schulentwicklung 2014, S. 23).

4.2 Der Lerncoaching-Prozess

Der Aufbau eines Lerncoachinggespräches folgt dem typischen Ablauf einer Coaching-Sitzung, wie sie auch vergleichbar in Coaching-Gesprächen in anderen Feldern des Coachings ablaufen:

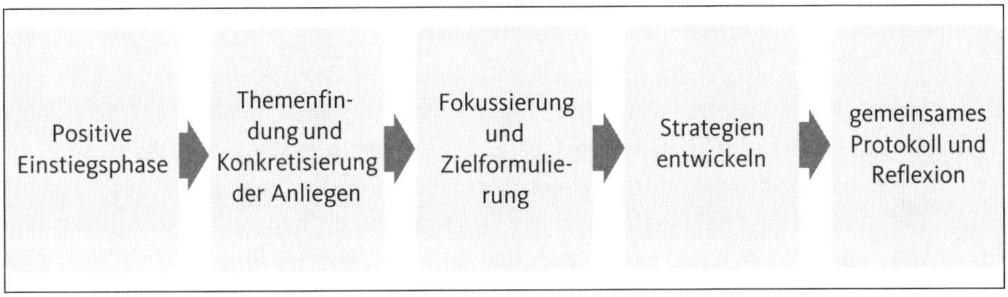

Abbildung 6: Phasen eines Lerncoaching-Gespräches, eigene Darstellung.

Die Inhalte und Themen, die den Lerncoaching-Prozess einer Schülerin oder eines Schülers bestimmen, können teilweise in nur *einem* Lerncoaching-Gespräch bearbeitet werden. Oft wird aber gemeinsam an individuellen Themen über einen längeren Coaching-Zeitraum gearbeitet. Das Protokoll im Lerntagebuch/Logbuch dient dabei der Gedankenstütze für den Coachee und den Lerncoach. Die Inhalte der Lerncoachinggespräche differieren je nach Entwicklungsstand und Alter der Schülerin oder des Schülers und den jeweiligen Entwicklungsaufgaben, die es zu bewältigen gilt (vgl. Fend 2000, S. 222 f., siehe auch Kapitel 3.3).

- Zu Beginn wird in der *positiven Einstiegsphase* vom Lerncoach der Rahmen für das Coachinggespräch gesetzt: dies bedeutet die Herstellung einer angenehmen und positiven Gesprächsatmosphäre.
- Die Phase *der Themenfindung und Konkretisierung der Anliegen* wird stets durch eine offene Frage begonnen, die dem Coachee die Möglichkeit eröffnet, das Thema das Lerncoachinggespräches selbst zu bestimmen. An dieser Stelle muss der Lerncoach unterstützend tätig werden, indem die verschiedenen Aspekte eines Themas beleuchtet werden und diese auch strukturiert werden. Das Lerntagebuch/Logbuch sowie Impulskärtchen können in dieser Phase hilfreich sein.
- Anschließend wird *fokussierend* gemeinsam ein erreichbares *Ziel festgelegt* und formuliert. Diese Phase ist wichtig, um ein lösungs- und zielorientiertes Coaching zu gewährleisten.
- Während der nächsten Phase werden gemeinsam *Strategien entwickelt* und nach Lösungen gesucht. Diese Phase stellt die eigentliche Erarbeitung dar und nimmt den größten Raum im Lerncoachinggespräch ein.

- Die letzte Phase eines Coachinggespräches kann nochmals in zwei Phasen unterteilt werden. In der Phase der *Ergebniszusammenfassung* wird das Lerncoachinggespräch protokolliert. Diese *Protokollierung* erfolgt gemeinsam und transparent (siehe folgendes Kapitel).
- Ein Abschluss des Gespräches folgt auf einer Meta-Ebene. Hier wird ein kurzes Feedback gegeben bzw. eingeholt und die jeweiligen Methoden *reflektiert*. Diese Phase stellt die *Transparenz* der Methodik sicher.

Während der Phasen der *Themenfindung*, der *Zielerarbeitung* sowie der *Phase der Erarbeitung von Lösungen und Strategien* kommen verschiedene Gesprächsführungstechniken zum Einsatz. Diese bestimmen die Qualität des Lerncoachinggespräches. Die Methoden, die in den Lerncoachinggesprächen zum Einsatz kommen, richten sich nach den Bedürfnissen der Schülerin oder des Schülers und entstammen den jeweiligen Ansätzen der Beratungstheorien (vgl. Kapitel 2.4). Vielfach werden zur Aktivierung der Schüler(innen) Kärtchen oder Skalierungsbänder zur Visualisierung eingesetzt und das Lerntagebuch/Logbuch der Lernenden als Grundlage für das Gespräch genutzt. Die Redeanteile liegen in einem gelungenen Coachinggespräch zu einem sehr großen Anteil beim Coachee (vgl. Kapitel 2.4). Eine beraterische Grundhaltung nach den Prinzipien Carl Rogers im Sinne einer *Beratung auf Augenhöhe* zwischen Lerncoach und Coachee bei jedem Lerncoachinggespräch ist eine Grundvoraussetzung für sein Gelingen (vgl. Hardeland 2015, S. 6, siehe auch Schnebel 2007, S. 48).

Die Dokumentation des Lerncoachinggespräches im Lerntagebuch/Logbuch wird folgend erläutert.

4.3 Dokumentation des Lerncoachinggespräches

> »Die Dokumentation im Lerntagebuch finde ich sehr wichtig, da sie auch den Eltern die Möglichkeit gibt, einen Einblick in die Coachinggespräche zu erhalten und die Gespräche inhaltlich aufwertet. Außerdem wird den Kindern so gezeigt, dass die Inhalte des Gespräches so wichtig sind, dass man sich die Zeit nimmt, sie zu dokumentieren.«
>
> (Realschullehrer, der an einer Gemeinschaftsschule Lerncoaching praktiziert)

Das Lerncoachinggespräch wird im Lerntagebuch/Logbuch des Schülers bzw. der Schülerin dokumentiert. Die Dokumentation dient in erster Linie der Gedankenstütze für den Coach sowie für die Schülerin oder den Schüler. In jedem Coachinggespräch kann so an das vorhergegangene angeknüpft werden. Eventuelle Vereinbarungen, die im Coaching getroffen wurden, können erneut aufgegriffen und überprüft werden.

Die Dokumentation findet jeweils zum Ende jedes Coachinggespräches statt – sie stellt damit eine eigene Phase des Coachinggespäches dar, in der zwischen Coach und Coachee auf Augenhöhe vereinbart wird, welche der thematisierten Inhalte und Ergebnisse einer Dokumentation würdig sind (vgl. Kapitel 4.2). Die eigentliche Niederschrift der Dokumentation wird entweder vom Coach vorgenommen oder vom Coachee selbst. Eine Unterschrift unter das Coachingprotokoll von Seiten des Coaches und der Schülerin bzw. des Schülers betont den Vereinbarungscharakter der Dokumentation. Viele Schulen haben ein vorgegebenes Coachingprotokoll für das Lerntagebuch/Logbuch erarbeitet, um das Coachinggespräch für die Lehrkräfte zu strukturieren und somit eine Hilfe für die Lehrkräfte anzubieten. Folgend wird das Protokoll einer Gemeinschaftsschule Baden-Württembergs gezeigt:

COACHING – Gespräch am

Themen	Besprochenes
Allgemeines	
Erfolge	
Schwierigkeiten	
Sonstiges	
Vereinbarung	
SchülerIn:	*TutorIn:*

Abbildung 7: Protokoll des Lerncoachinggespräches im Lerntagebuch einer Gemeinschaftsschule. Quelle: Schöbel 2017, verkleinerte Darstellung.

Das Lerntagebuch, in dem das Coachinggespräch dokumentiert wird, ist das Planungsinstrument des Lernens der Schülerinnen und Schüler (vgl. Hascher 2007, S. 295). Dieses ist für die Eltern der Schülerinnen und Schüler, aber auch für andere Lehrkräfte einsehbar und besitzt somit auch eine Kommunikationsfunktion. Die Eltern sehen also das Protokoll des Lerncoachinggespräches und werden damit in den Coachingprozess miteingebunden. Dies hat Vor- und Nachteile: Einerseits wird die Erziehungspartnerschaft zwischen Lehrkräften und Eltern dadurch gestärkt und das Coachinggespräch in seiner Bedeutung aufgewertet.

»Es entsteht, im positiven Fall ein intensiveres ›Wir‹-Gefühl zwischen Eltern und Lehrern: ›wir sind Erziehungspartner und unterstützen gemeinsam das Kind‹. Auf jeden Fall die Intensivierung der Beziehung zwischen Eltern und Lehrern.«

(Grund- und Hauptschullehrerin, die an einer Gemeinschaftsschule Lerncoaching praktiziert)

Auf der anderen Seite wird dadurch das Prinzip der *Vertraulichkeit* verletzt, welches in jedem Coaching zugesichert werden soll. Nur so kann eine ehrliche Offenheit des Coachees gewährleistet werden (vgl. Rauen 2005, S. 274; Schnebel 2007, S. 17; Hardeland 2015, S. 13; Laake 2012, S. 33).

»Die Dokumentation ist bei vertraulichen Themen problematisch.« (Realschullehrerin, die Lerncoaching an einer Gemeinschaftsschule praktiziert)

Ein sensibler Umgang mit der Dokumentation der Coachinggespräche muss deshalb von der Lehrkraft als Coach eingefordert werden, um das Vertrauensverhältnis nicht zu gefährden (vgl. Rauen 2005, S. 274). Diese Sensibilität kann dadurch erfolgen, dass die Schülerin oder der Schüler in die Dokumentation einbezogen wird. So sollte jeweils mit dem Coachee besprochen werden, welche Gesprächsinhalte und Vereinbarungen niedergeschrieben und damit öffentlich zugänglich gemacht werden. Die Schülerin oder der Schüler kann dabei auch angehalten werden, die Dokumentation selbst vorzunehmen. Mit zunehmendem Alter der Schülerinnen und Schüler steht das Vertrauensverhältnis zwischen Coach und Coachee immer stärker auf dem Prüfstand, da das Bedürfnis nach Peer Learning zunimmt und ältere Schüler(innen) zunehmend für ihren Lernprozess selbstverantwortlich gemacht werden können. Eine Sensibilität gegenüber der Dokumentation der Coachinggespräche muss dementsprechend ebenfalls zunehmen.

Eine zusätzliche Dokumentation durch die Lehrkraft oder eine Kopie des Protokolls, um sich auf das nächste Coachinggespräch vorzubereiten wird über die Dokumentation im Lerntagebuchs/Logbuchs hinaus von Lehrkräften vorgenommen. Diese zusätzliche Dokumentation erfolgt in einigen Schulen mittlerweile auch in digitaler Form.

4.4 Entwicklung eines Lerncoaching-Konzeptes als Schulentwicklungsaufgabe

Schulentwicklungsprozesse können als Prozesse einer *lernenden Schule* beschrieben werden, die sich selbst reflektiert, steuert und organisiert (vgl. Rolff 2010, S. 36). Für die Schulentwicklung wird ein Zusammenspiel von Unterrichtsentwicklung, Organisationsentwicklung und Personalentwicklung gesehen, in deren Zentrum und Ziel die Lernfortschritte, die Chancengerechtigkeit und das Wohlbefinden der Schülerinnen und Schüler stehen (vgl. ebenda, siehe auch Sliwka 2015, S. 8). Dabei wird die autonome Einzelschule als Motor von Innovationsprozessen angenommen (vgl. Reh 2010, S. 141, siehe auch Holtappels 2013, S. 53 ff.).

Es muss an dieser Stelle bedacht werden, dass Lerncoaching durch Lehrkräfte als pädagogisches Handlungskonzeptnoch recht neu ist und somit jede praktizierende

Lehrkraft an der Entwicklung und Etablierung des pädagogischen Instruments selbst beteiligt ist.

Lehrkräften wird in der Lehrprofessionalitätsforschung eine grundsätzlich zurückhaltende oder gar ablehnende Haltung gegenüber Innovationen zugeschrieben (vgl. Helsper 2014, S. 233). Umso mehr verwundert es, dass das neue Verfahren des Coachings von vielen Lehrkräften sehr aufgeschlossen aufgenommen und weitgehend begrüßt wird. Dies wurde in einem eigenen Praxisforschungsprojekt deutlich – dies wird aber auch immer wieder in Berichten von Lehrkräften aus der Praxis betont (vgl. Stoye 2018, S. 37, siehe auch Kopp 2018, S. 23):

»Coaching ist toll.«
(Realschullehrerin, die Lerncoaching an einer Gemeinschaftsschule praktiziert)

»Coaching ist für mich ein sehr wichtiger Teil unserer Arbeit – genau genommen das Kernstück.«
(Realschullehrer, der an einer Gemeinschaftsschule Lerncoaching praktiziert)

Die Einführung innovativer pädagogischer Verfahren wird nicht in erster Linie von der Schuladministration (top-down) gesteuert, sondern von der Einzelschule selbst, deren Akteure eine Vielzahl pädagogischer und organisatorischer Fragen zu klären haben. Wenn Lerncoaching an einer Schule implementiert wird, muss also ein Coaching-Konzept für die Schule entwickelt werden.

Diese konzeptionelle Entwicklung kann nur in *professionellen Lerngemeinschaften* erfolgen, die als gelungene kollegiale Kooperation gefasst werden kann (vgl. Holtappels 2010, S. 104). Eine zentrale Rolle der Schulleitung bei der Entwicklung von Innovationen wird dabei ebenfalls deutlich, wenn wir einen Blick auf die organisatorischen und pädagogischen Entscheidungen bei der Einführung eines Lerncoaching-Konzeptes werfen (vgl. Trautmann; Wischer 2013, S. 55).

Konkret müssen die Akteure einer Schule entscheiden:

- Wie organisieren wir Lerncoaching räumlich?
- Organisieren wir Lerncoaching als Einzelcoachinggespräch oder im Gruppencoaching oder kombiniert? Wie in welcher Jahrgangsstufe?
- Beginnen wir zunächst in *einer* Jahrgangsstufe mit dem Lerncoaching-Konzept?
- Wer coacht die Schülerinnen und Schüler konkret? Sind die Klassenlehrer(innen) verantwortlich? Wie viele Kinder oder Jugendliche coacht eine Lehrkraft?
- Wie organisieren wir Lerncoaching stundenplanerisch?

- Wie binden wir Lerncoaching in unser Konzept des (individualisierten) Lernens ein? Wie gestalten wir die Dokumentation des Lerncoachinggespräches?
- Wie sichern wir die Verlässlichkeit des Lerncoachings?
- Wieviele Anrechnungsstunden gewähren wir den Lehrkräften als Lerncoaches?
- Wo können wir Anrechnungsstunden in anderen Bereichen kürzen, um Lerncoaching zu vergüten? Wollen wir das?
- Wie gestalten wir die Kommunikation zwischen Lerncoaches und Fachlehrer(inne)n der Schülerinnen und Schüler?
- Wie stellen wir die Fortbildung der Lehrkräfte zu Lerncoaches sicher?
- Wie organisieren wir die Weitergabe des Wissens an zukünftige Lerncoaches?
- Wie organisieren wir die Evaluation unseres Lerncoaching-Konzeptes und stellen dessen Weiterentwicklung sicher?

Bei der Implementierung von Lerncoaching in den Gemeinschaftsschulen Baden-Württembergs orientier(t)en sich viele Schulen an sog. »Starterschulen«, die bereits Erfahrungen mit der Einführung und Praxis von Lerncoaching gemacht hatten. Die Vernetzung von Schulen ist also wesentlich für die Qualität von Innovationsprozessen (vgl. Trautmann; Wischer 2013, S. 59). Darüber hinaus spiel(t)en die Fachberaterinnen und Fachberater für Unterrichtsentwicklung, die an den staatlichen Schulämtern Baden-Württembergs angegliedert sind, eine unterstützende Rolle bei der Einführung des innovativen pädagogischen Handlungskonzept (vgl. Hammen-Berner 2016).

In meinem Praxisforschungsprojekt stieß ich auf eine große Offenheit eines innovativen Kollegiums. Ein Großteil des Kollegiums begreift sich als Akteurin oder Akteur einer Schule, die es als Lernende Organisation ständig weiterzuentwickeln gilt. Veränderungen wird hier in produktiver Weise begegnet – kollegiale Kooperation kann als »Joint Work« nach Judith W. Little (1990) begriffen werden (vgl. Schäfer et al. 2016, S. 21 f.). Dies sind die besten Voraussetzungen für die nachhaltige Implementierung eines innovativen pädagogischen Handlungskonzeptes.

Denn nicht nur die Einführung eines Coaching-Konzeptes trägt zu dessen Qualität bei, sondern auch die ständige Weiterentwicklung des Konzeptes. Das Coaching-Konzept der Schule des Praxisforschungsprojektes wird jedes Jahr evaluiert und immer wieder – je nach Alter der Schülerinnen und Schüler – adaptiert.

»Also dass wir mittelfristig ein Konzept brauchen, ist ja ganz klar. Wir sind jetzt halt gestartet mit Klasse fünf, dann sechs. Da funktioniert es ja jeweils auch noch mit zwei Tutoren [Klassenlehrer(innen) und Coaches]. Aber irgendwann kann es ja gar nicht mehr gehen, weil wir gar nicht so viele Lehrer haben, dass jede Klasse zwei Tutoren hat, die dann die Coaches sind. Das heißt, irgendwann muss es automatisch, äh, anders (.) gemacht werden. Und dann braucht es auf jeden Fall ein Konzept. Ich glaube grade war das jetzt halt nicht das Wichtigste irgendwie in der Entwicklung, aber (andere Kollegin: Aber wird noch kommen, sag ich mal.) kommt. (Weiterer Kollege: Im Laufe der nächsten Jahre.) Genau. Irgendwann im Laufe des Jahres«.

(Realschullehrer, der an einer Gemeinschaftsschule Lerncoaching praktiziert)

Das Entwickeln eines Coachingkonzeptes in der Schule kann somit als Pionierarbeit im Sinne eines Schulentwicklungsprozesses gedeutet werden. Die Beteiligung an Schulentwicklungsprozessen beeinflusst die Professionalisierung der Lehrkräfte (vgl. Bastian et al. 2002, S. 418). Dabei ist die Entwicklungsaufgabe »kollegiale Kooperation« (Wittek 2013, S. 124 ff.) eine zentrale Aufgabe, die die Lehrkraft für ein gelungenes Selbstkonzept in heterogenen Lerngruppen ausbilden muss. Die Entwicklungsaufgaben, die sich Lehrkräfte in heterogenen Lerngruppen stellen müssen, werden im folgenden Kapitel thematisiert.

5 Die Bedeutung von Lerncoaching für Lehrkräfte – Bewältigung von Entwicklungsaufgaben

»Es gibt Dinge, die wir lernen müssen,
bevor wir sie tun können.
Und wir lernen sie indem wir sie tun.«

Aristoteles (384 v. Chr. – 322 v. Chr.)

Bereits zu Beginn des Buches wurde thematisiert, dass Lerncoaching für Lehrkräfte, die in heterogenen Lerngruppen arbeiten, eine große Chance für die (Weiter)Entwicklung ihrer Professionalität bedeuten kann. An dieser Stelle werde ich diese These ausführlich begründen.

Durch ein partizipativ angelegtes Praxisforschungsprojekt, das ich an einer Gemeinschaftsschule Baden-Württembergs 2014 bis 2016 durchführte, wurde es mir möglich, die Bedeutung von Lerncoaching für die Professionalisierung von Lehrkräften explorativ zu bestimmen. Im Folgenden möchte ich dies erläutern. Als Bezugstheorie für die Auswertung meiner Daten diente mir das sogenannte ›*Modell der beruflichen Entwicklungsaufgaben*‹, das von Miriam Hellrung (2010) und Doris Wittek (2013) für heterogene Lerngruppen weiterentwickelt wurde. Diesen Ansatz der Professionstheorie möchte ich zunächst vorstellen, um im Anschluss zu begründen, inwiefern das Praktizieren und Entwickeln von Lerncoaching für Lehrkräfte eine Professionalisierung dieser bedeutet.

5.1 Lehrkräfteprofessionalisierung in heterogenen Lerngruppen

Die Veränderungen im Bildungssystem implizieren veränderte Anforderungen an die Professionalität von Lehrkräften *aller* Schularten. Es ist nicht mehr möglich, über die wachsende Heterogenität der Lerngruppen hinwegzusehen (vgl. Landesinstitut für Schulentwicklung 2015, S. 101). In den aktuellen pädagogischen Diskursen wird Heterogenität im Sinne einer pluralistischen Gesellschaft zunehmend anerkannt und bejaht.

Für die Lehrerinnen und Lehrer bedeutet der produktive Umgang mit Heterogenität allerdings einen enormen Anspruch in Bezug auf ihre Professionalität und kann als *die* zentrale Entwicklungsaufgabe ihrer Berufsbiographie bestimmt werden (vgl. Forschungsgruppe WissGem 2016, S. 73; Wittek 2013, S. 70 f.). Dies ist insofern besonders brisant, da die *Lehrerbildung* erst allmählich auf die veränderten Rahmenbedingungen reagiert. Die Kultusministerkonferenz Deutschlands hat zwar zusammen mit der Hochschulrektorenkonferenz im Jahr 2015 eine Empfehlung für eine ›Schule der Vielfalt‹ verabschiedet (vgl. Kultusministerkonferenz 2015, S. 2 ff.), schaut man dahingehend aber in die Prüfungsordnungen der Universitäten sowie der Pädagogischen Hochschulen, ergibt sich ein eher uneinheitliches und ernüchterndes Bild (vgl. Klauß 2013, siehe auch Bauer 2015, S. 12). Aus diesem Grund kann davon ausgegangen werden, dass eine Vielzahl von Lehrerinnen und Lehrern während der ersten und zweiten Phase ihrer Ausbildung nicht oder nur in geringem Maße auf den Umgang mit einer heterogeneren Schüler(innen)schaft vorbereitet wurden und erst durch Fortbildungen – also in der dritten Phase der Lehrerbildung – mit der Didaktik adaptiver Lehr- und Lernformen in Berührung kommen.

Der Begriff *Professionalisierung* wird beim Lehrerberuf einerseits auf individueller Ebene verwendet – im Sinne des Zuwachses professioneller Kompetenz der einzelnen Lehrkraft – als auch auf kollektiver Ebene. Hier meint der Begriff der Professionalisierung die zunehmende Akademisierung des Berufes der damit verbundene Status des Berufs als sog. *Profession* (vgl. Cramer 2012, S. 23 siehe auch Terhart 2011, S. 203). Der Begriff *Professionalisierung* wird von mir im Sinne der professionellen Entwicklung der einzelnen Lehrperson verwendet. Die Professionalisierung von Lehrkräften findet während ihres Studiums (erste Phase), des Referendariats (zweite Phase) und der Weiterbildung während der Ausübung des Berufes (dritte Phase) statt.

Entscheidend für den Prozess der Professionalisierung der einzelnen Lehrkraft ist die reflektierende und selbstkritische Rückwendung auf die eigene berufliche Entwicklung (vgl. Terhart 2011, S. 207). Die Begleitung der Professionalisierung kann während der Berufstätigkeit durch Fort- und Weiterbildungen sowie Supervision entscheidend positiv beeinflusst werden (vgl. Bennemann; Schönknecht 2016, S. 20).

Der Ansatz des Modells der beruflichen Entwicklungsaufgaben für Lehrpersonen kann wie folgt gefasst werden:

> »Lehrerinnen und Lehrer lernen. Dieser einfache wie komplexe Satz eröffnet den Zugang zum Modell der beruflichen Entwicklungsaufgaben« (Wittek 2013, S. 107).

Das Modell der beruflichen Entwicklungsaufgaben

Uwe Hericks (2006) entwickelte im Zuge eines Forschungsprojektes zur Berufseinstiegphase von Lehrer(inne)n das *Modell beruflicher Entwicklungsaufgaben*. Das Charakteristikum des Konzepts der *Entwicklungsaufgaben*, das auf Arbeiten des Amerikaners Robert J. Havighurst zurückgeht, ist die Verknüpfung von gesellschaftlichen

Handlungsanforderungen einerseits und deren individuellen Bearbeitung und Bewältigung andererseits (vgl. Trautmann 2005, S. 19 ff.).

Entwicklungsaufgaben bei der Professionalisierung von Lehrkräften sind Entwicklungsziele, die die Lehrerpersonen (bei Hericks Berufsanfänger(innen)) aufgrund gesellschaftlicher Anforderungen erkennen, und je individuell deuten und umsetzen. Das Konzept der *Entwicklungsaufgaben* geht dabei von einem aktiv lernenden Menschen aus, der als Gestalter seiner Biographie seine individuelle Entwicklung bestimmt und dabei stetig im Austausch mit seiner sozialen Umwelt steht (vgl. Keller-Schneider 2010, S. 102). Uwe Hericks sieht vier berufliche Entwicklungsaufgaben, die die Lehrerpersonen in ihrer Berufseinstiegphase zu bewältigen hätten und damit die individuelle berufliche Entwicklung bzw. Professionalisierung beschreiben:

1. Die »Entwicklungsaufgabe *Kompetenz*« (personale und fachliche Kompetenzen einsetzen und ausweiten),
2. Die »Entwicklungsaufgabe *Vermittlung* [(] ein Konzept der eigenen Rolle als Vermittler von Fachinhalten und kulturellen Sachverhalten entwickeln«),
3. Die »Entwicklungsaufgabe *Anerkennung* [(] ein Konzept der pädagogischen (Fremd-)Wahrnehmung der Schülerinnen und Schüler als der entwicklungsbedürftigen Anderen entwickeln«),
4. Die »Entwicklungsaufgabe *Institution* [(] Möglichkeiten und Grenzen der institutionellen Rahmenbedingungen erkennen und mitgestalten; ein Konzept der Kooperation mit Kollegen entwickeln« (vgl. Hericks 2006, S. 63, Hvbg. im Original).

Manuela Keller-Schneider (2010), die in einer Schweizer Studie ebenfalls die Berufseinstiegphase von Lehrpersonen untersuchte, sowie Uwe Hericks sehen als Ergebnis der Bearbeitung dieser vier Entwicklungsaufgaben die beruflichen Kompetenzen der Lehrerkräfte (vgl. Keller-Schneider 2010, S. 114). Darüber hinaus stabilisiere sich die berufliche Identität der einzelnen Lehrperson im Zuge der Bearbeitung der beruflichen Entwicklungsaufgaben und bedeute ihre Professionalisierung (vgl. Wittek 2013, S. 110). Dabei geht Uwe Hericks davon aus, »dass bestimmte Bearbeitungsstrategien der Entwicklungsaufgaben normativ als professionelle Lösungen bezeichnet werden können« (ebenda).

Das Modell der beruflichen Entwicklungsaufgaben für Lehrkräfte in heterogenen Lerngruppen

Eine Professionalisierung der Lehrkräfte, die in heterogeneren oder inklusiven Lerngruppen arbeiten, bedeutet ein Zuwachs von Kompetenzen in verschiedenen Kompetenzbereichen, um den Umgang mit einer heterogener zusammengesetzten Lerngruppe zu bewältigen.

Miriam Hellrung (2010) und Doris Wittek (2013) entwickeln in ihren Dissertationen, die sich jeweils mit der Professionalisierung von Lehrkräften durch die Anforderung des Lernens von Schüler(inne)n in besonders heterogenen Lerngruppen beschäftigen, das Modell der beruflichen Entwicklungsaufgaben weiter. Die Wissenschaftlerinnen untersuchen Lehrkräfte mit langer Berufserfahrung, die an ihren Schulen (Gemeinschaftsschulen bzw. weiterentwickelte Gesamtschule) aufgrund besonders heterogener Lerngruppen eine stärkere Individualisierung der unterrichtlichen Lernarrangements entwickeln und umsetzen.

Miriam Hellrung unterscheidet dabei verschiedene *Anforderungsdimensionen*, um die beruflichen Herausforderungen für Lehrkräfte im Kontext der erweiterten Aufgaben im Feld der Schulentwicklung sowie der Entwicklung von individualisiertem Unterrichtformen zu fassen. Sie modifiziert dabei das Modell der beruflichen Entwicklungsaufgaben folgendermaßen:

> »Berufliche Entwicklungsaufgaben sind Handlungsanforderungen an Lehrerinnen und Lehrer in je spezifischen schulischen und unterrichtlichen Settings, die individuell als Aufgaben eigener Entwicklung gedeutet werden können. Entwicklungsaufgaben sind unhintergehbar, das heißt sie müssen wahrgenommen und bearbeitet werden, wenn es zu einer Progression von beruflicher Kompetenz und zur Stabilisierung beruflicher Identität kommen soll.« (Hellrung 2010, S. 91)

Doris Wittek (2013) entwickelt die vier Entwicklungsaufgaben für Lehrpersonen von Hericks weiter. Folgende vier Entwicklungsaufgaben bestimmt Wittek für Lehrkräfte, die in besonders heterogenen Lerngruppen arbeiten:

1. Die Entwicklungsaufgabe *Rollenfindung* (als Weiterentwicklung der Entwicklungsaufgabe *Kompetenz* bei Uwe Hericks):
   »Die Aufgabe der Rollenfindung erfordert von Lehrerinnen und Lehrern, eine professionelle Identität als Lehrperson zu entwickeln, die das Geschehen in der Schule als ein für die relevanten Mitakteure (Schüler/innen, Kolleg/innen, Eltern etc.) verlässliches Gegenüber vertritt und gestaltet. Dazu gehört insbesondere die Anforderung, Nähe und Distanz angemessen auszutarieren sowie mit eigenen und fremdem Ansprüchen und Ressourcen umzugehen. Gegenstand dieser Entwicklungsaufgabe ist das rollenförmige Handeln der Lehrerin bzw. des Lehrers, sie fokussiert den handlungsleitenden Entwurf der eigenen Person im Beruf.« (Wittek 2013, S. 124 f.),
2. die Entwicklungsaufgabe *Vermittlung:*
   »Die Aufgabe der adressatenbezogenen Vermittlung bündelt Anteile der Lehrtätigkeit, welche die Verbindung zwischen dem Lerngegenstand und den Lernenden herstellt. Lehrende sind gefordert, eine Passung der fachlichen Anforderungen an den Lernprozess der Lernenden zu entwickeln und diese in ihren individuellen Lernentwicklungen zu fördern. Die Entwicklungsaufgabe steht für den handlungsleitenden Entwurf der Lehrenden in Bezug auf die Herstellung dieser Passung zwischen Lerngegenstand und Lernenden.« (ebenda),

3. die Entwicklungsaufgabe *Anerkennung*:
   »Die Aufgabe der Anerkennung beschreibt Anforderungen der Einschätzung, Wertschätzung und Lenkung der Schülerinnen und Schüler sowohl auf der Ebene des Individuums als auch auf der Ebene der Klasse. Mit dieser Entwicklungsaufgabe wird der handlungsleitende Entwurf der Lehrenden in Bezug auf die Person der Schülerinnen und Schüler bezeichnet; einbezogen ist das Verständnis der Lehrenden von deren Lernprozessen.« (ebenda),
4. die Entwicklungsaufgabe *kollegiale Kooperation* (als Weiterentwicklung der Entwicklungsaufgabe *Institution* bei Uwe Hericks):
   »Die Aufgabe der kollegialen Kooperation umfasst den handlungsleitenden Entwurf der Lehrenden in Bezug auf ihre eigene Positionierung innerhalb der Praxisgemeinschaft und der Institution Schule insgesamt; es geht bei dieser Entwicklungsaufgabe um die Fragen inwieweit zu ihrem Berufsverständnis die Vorstellung der Kooperation gehört und wie sich die Lehren-den in Beziehung setzen zu den Kolleginnen und Kollegen sowie zu den institutionellen Rahmenbedingungen« (ebenda).

Welche unterstützende Rolle hierbei das pädagogische Handlungskonzept des *Lerncoachings* hat, soll nun genauere Betrachtung finden.

5.2 Die Bewältigung von Entwicklungsaufgaben in heterogenen Lerngruppen durch Lerncoaching

An dieser Stelle möchte ich die Forschungsbefunde vorstellen, die ich aus einem partizipativen Praxisforschungsprojekt gewonnen habe, das ich zwischen 2014 und 2016 an einer Gemeinschaftsschule Baden-Württembergs durchgeführt habe. Dazu möchte ich kurz auf den Forschungsansatz der Studie eingehen sowie das methodische Vorgehen erläutern, damit die Befunde eingeordnet werden können.

Forschungsansatz des Praxisforschungsprojektes

Ein explorativer Charakter der Untersuchung war notwendig, der mit dem Ansatz der qualitativen Sozialforschung als Fallstudie umgesetzt wurde, da Lerncoaching in der Schule ein nahezu unerforschtes Feld ist. Gleichzeitig war die Studie als partizipatives Praxisforschungsprojekt angelegt: Sie bezog die Lehrkräfte der Fallschule als Co-Forscher(innen) in den Forschungsprozess mit ein. Der partizipative Ansatz kann als »Forschungsstil« (Bergold; Thomas 2012, Abs. 2) bezeichnet werden, der »für die Möglichkeit, Bedeutsamkeit und Nützlichkeit der Co-Forscherinnen [...] in den Erkenntnisprozess argumentiert« (ebenda). Die Ergebnisse, die durch die Forschung generiert wurden, konnten für den Schulentwicklungsprozess der Lernenden Organisation nutzbar gemacht werden, indem sie konkret für die Weiterentwicklung des Konzeptes des Coachings der Fallschule Verwendung finden konnten. Gleichzeitig wurde im partizipativen Forschungsprojekt nicht nur die Verbesserung der Praxis angestrebt, sondern es geht – wie bei allen partizipativen Forschungsprojekten, die sich als Handlungs-, entwicklungsorientierte Bildungsforschungs- oder Praxisforschungsprojekte verorten – auch um die Generierung von Erkenntnissen für die Wissenschaft (vgl. Prengel et al. 2004, S. 184 f., siehe auch Altrichter; Feindt 2004, S. 419 u. Reinmann 2015, S. 9 f.). (vgl. Müller-Lehmann 2019, S. 157).

Methodisches Vorgehen

Für den Forschungsprozess war der partizipative Forschungsstil handlungsleitend. Dies bedeutet, dass ich keine Entscheidungen ohne Rücksprache mit den Co-Forscher(inne)n traf. Gleichzeitig wurde mit der Methoden-Triangulation gearbeitet, um zu einer Anreicherung der Daten zu gelangen (vgl. Flick 2012, S. 520).

Zunächst wurden in einer schriftlichen Online-Befragung mit offenen Fragen die Lehrkräfte, die an der Fallschule zum Untersuchungszeitpunkt als Lerncoaches arbeiteten, zur Bedeutung des Lerncoachings sowie zu deren Praxis befragt. Es wurde dabei konkret nach der Meinung zum Lerncoaching sowie der Bedeutung des Handlungskonzeptes für die Lehrkraft und die Schüler(innen) aus der Sicht der Befragten gefragt. Weiterhin wurden mögliche Probleme bei der Praxis des Lerncoachings erhoben sowie nach der Relevanz für die Schulentwicklung gefragt. Die schriftliche Befragung war als Vollerhebung angelegt. Die Daten wurden in einem ersten Schritt nach der qualitativen (zusammenfassenden) Inhaltsanalyse ausgewertet (vgl. Mayring 2002, 2015). In einem zweiten Auswertungsverfahren wurden deduktive Kategorien auf das Material gelegt und diese innerhalb der Inhaltsanalyse als Auswertungskategorie angewandt (vgl. Mayring 2015, S. 97).

Im nächsten Schritt des Forschungsprojektes wurde eine Gruppendiskussion mit einer Focus-Group aus Co-Forscher(inne)n geführt. In dieser Gruppendiskussion wurden die Ergebnisse der Auswertung der schriftlichen Befragung zunächst vermittelt und validiert. Hierbei wurden zentrale Ergebnisse aus der Online-Befragung präsentiert und diskutiert. Darüber hinaus wurde ein Coaching-Ansatz aus der Fachliteratur problematisiert sowie Problemfelder aus der Praxis des Coachings an der Schule ausdifferenziert.

So wurden bei der Gruppendiskussion neue Daten generiert, die wiederum ausgewertet wurden (vgl. Lamnek 2005, S. 30). Die Daten aus der Gruppendiskussion wurden mit einem zweischrittigen Verfahren der qualitativen Inhaltsanalyse nach Mayring analysiert. Die von Doris Wittek bestimmten Entwicklungsaufgaben für Lehrende in heterogenen Lerngruppen (s. o.) dienten bei der Analyse der Daten der schriftlichen Befragung sowie der Gruppendiskussion als deduktiven Kategorien (vgl. Wittek 2013, S. 124 ff.). (vgl. Müller-Lehmann 2019, S. 158)

Zentrale Ergebnisse

Alle vier von Doris Wittek (2013) formulierten Entwicklungsaufgaben für Lehrkräfte, die in heterogenen Lerngruppen arbeiten, können mit Hilfe des Lerncoachings bearbeitet werden.

Das Verfahren des Lerncoachings dient Lehrkräften, die in heterogenen Lerngruppen arbeiten, als Möglichkeit der Bewältigung ihrer Entwicklungsaufgaben Rollenfindung, Vermittlung (von Lerninhalten), der Anerkennung (der Schüler(innen)persönlichkeit) sowie zur kollegialen Kooperation. Lerncoaching kann somit als Chance für den professionellen Umgang mit Heterogenität interpretiert werden. (vgl. Müller-Lehmann 2019, S. 158).

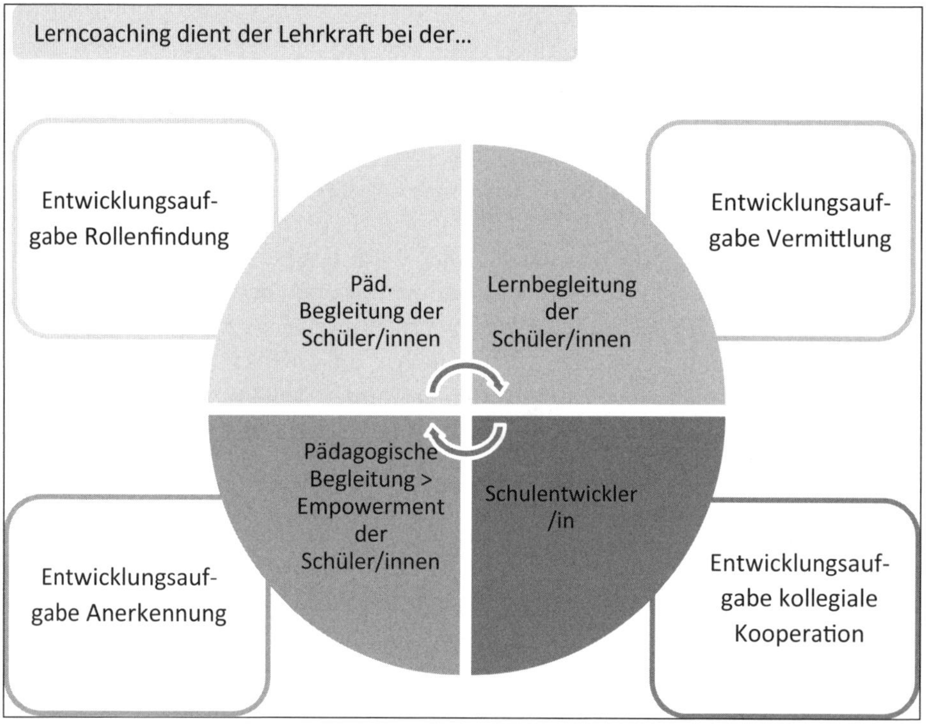

Abbildung 8: Die Bewältigung von Entwicklungsaufgaben in heterogenen Lerngruppen durch Lerncoaching, eigene Darstellung (vgl. Müller-Lehmann 2019, S. 158).

Dabei muss beachtet werden, dass *nicht alle* Lehrkräfte die oben genannten Entwicklungsaufgaben in gleicher Weise annehmen und bewältigen, sondern diese je individuell bearbeiten. Es wurde untersucht, *ob* und *wie* das Verfahren des Lerncoachings zur Bewältigung der Entwicklungsaufgaben einen Beitrag leistet.

Wie Lerncoaching als Hilfe und Instrument zur Bewältigung der vier Entwicklungsaufgaben von Lehrenden in heterogenen Settings genutzt werden kann, wird folgend erläutert.

Entwicklungsaufgabe Rollenfindung: Der Lerncoach als pädagogische Begleitung

Lerncoaching wird von den Lehrkräften für die Gestaltung ihres rollenförmigen Verhaltens als pädagogische(r) Begleiter(in) genutzt. Die Lehrkräfte sehen im Coaching die Möglichkeit zu den Schüler(inne)n eine positive Beziehung aufzubauen, um diese begleiten zu können. Die Begleitung der Schüler(innen) beziehen die Lehrkräfte dabei nicht ausschließlich auf das *fachliche Lernen*, sondern in einem ganzheitlichen Sinne.

Für die Lehrkräfte des partizipativen Forschungsprojektes bieten die fest verankerten und immer wiederkehrenden Lerncoachinggespräche damit *Zeit und Raum* für die Möglichkeit einer pädagogischen Arbeit mit der *einzelnen* Schülerin oder dem *einzelnen* Schüler.

»Andererseits ist Coaching die beste Möglichkeit, um intensive Beziehungen zu den Schülerinnen und Schülern aufzubauen und sie so nicht nur in Bezug auf Lernen im engeren Sinne zu begleiten, sondern auch allgemeiner in ihrer Persönlichkeitsentfaltung zu begleiten.«
(Realschullehrer, der an einer Gemeinschaftsschule Lerncoaching praktiziert)

Pädagogische Arbeit meint im Lerncoaching die individuelle Förderung und das Eingehen auf die Bedürfnisse der Schülerin oder des Schülers. In einer Gruppendiskussion mit Lehrkräften wurde betont, dass die ursprüngliche Idee der Einführung des Lerncoachings zwar die Lernberatung gewesen sei, die Realität aber zeige, dass zunächst eine Beziehung aufgebaut werden müsse und die Persönlichkeit gestärkt werden müsse, bevor fachliche Lernberatung stattfinden könne.

Kategorie	(Kurz)Bedeutung nach Wittek (2013)	Bedeutung in Bezug auf das Coaching	Ankerbeispiel
Rollenfindung	Professionelles rollenförmiges Handeln als Lehrkraft	Begleitung der Schülerinnen und Schüler > Zeit und Raum für den Aufbau einer Beziehung zu den Schülerinnen und Schülern	»Für mich ist das Coaching sehr wichtig, weil ich die Kinder besser kennen lerne und somit eine Beziehung aufbauen kann. Ich kenne ihre Schwächen und Stärken (fachlicher und personeller Art: Zuverlässigkeit...) und kann die Schüler dann auch besser zusammen arbeiten lassen. Ich versuche auch mit den Kindern zusammen Strategien zu entwickeln, um Lernschwierigkeiten zu überwinden.« (Gymnasiallehrerin, Schriftliche Befragung, Frage 2)

Tabelle 3: Ankertabelle zur Festlegung der Kategorie *Rollenfindung* , eigene Darstellung.

Es kann also festgehalten werden, dass Lerncoaching dazu dient, einen gelingenden Rollenwechsel hin zum Selbstkonzept als Lernbegleiterin oder Lernbegleiter zu unterstützen. Damit wird *eine wichtige Entwicklungsaufgabe* mit Hilfe des pädagogischen Instrumentes des Lerncoaching unterstützt und ermöglicht, die Lehrkräfte in heterogenen Lerngruppen zu bewältigen haben.

Miriam Hellrung (2010) konnte in ihrer Studie zum Handeln von Lehrkräften im individualisierten Unterricht feststellen, dass das Selbstverständnis der Lehrenden als Unterstützer oder Unterstützerin von Lernprozessen, also ein gelingender Rollenwechsel hin zum Selbstkonzept als Lernbegleiterin oder Lernbegleiter, eine geringere Belastung für die Lehrkräfte im Transformationsprozess zu einer heterogeneren Schule bedeutet (vgl. Bastian; Hellrung 2011, S. 9).

In einer Studie, die an der Geschwister-Scholl-Schule Tübingen (2011) durchgeführt wurde, wurde ebenfalls ein hohes Maß an Zufriedenheit bei den als Coaches eingesetzten Lehrkräften festgestellt. Diese Zufriedenheit wird auf die offene Struktur des Lerncoachingkonzeptes der Schule zurückgeführt, das den Lehrkräften erlaube die Aufgabe zu erfüllen, Lernende individuell unterstützen zu können (vgl. Landesinstitut für Schulentwicklung 2011, S. 34).

Die Herstellung eines positiven pädagogischen Bezugs durch Lerncoaching wird von den Lehrkräften ebenfalls in Zusammenhang mit der pädagogischen Begleitung der Schülerin oder des Schülers betont. Die Möglichkeit einer positiven Beziehungsgestaltung erfordert eine professionelle *Haltung* als Pädagoge oder Pädagogin (vgl. Kuhl et al. 2014, S. 117 f.). Theoretische Begründung findet die Relevanz der Beziehungsebene sowohl für Beratungs- als auch für Lernprozesse in den Grundannahmen des Menschenbildes der Humanistischen Psychologie. Carl Rogers beraterischen Grundhaltungen Echtheit, Empathie und Akzeptanz geben dafür klare Leitlinien vor und verdeutlichen, welche Ansprüche an eine gelingende Beziehungsgestaltung im Lerncoaching gestellt werden (vgl. Rogers 1972, siehe auch Nicolaisen 2013, S. 69, s. o.). Die Relevanz von Lerncoaching für eine Beziehungspädagogik werde ich in Kapitel 6 vertiefen.

Entwicklungsaufgabe Vermittlung: Der Lerncoach als Lernbegleitung für fachliches Lernen

Lerncoaching dient den Lehrkräften als didaktisches Handlungskonzept für die Beratung ihrer Schüler(innen), die in individualisierten Lernarrangements lernen. Damit wird die Intention der Einführung des Lerncoachings als Organisationselement für das fachliche Lernen als Rahmung individualisierter und selbstbestimmterer Lernformen bestätigt (vgl. Bohl 2013, S. 25).

Die Lehrkräfte beraten die Schülerinnen und Schüler, indem sie mit ihnen über das selbstorgansierte Lernen in/für verschiedenen Fächer(n) sprechen. Dabei werden Vereinbarungen getroffen und überprüft. Es wird über das Lernniveau gesprochen, die Ergebnisse der Leistungsüberprüfungen werden gemeinsam angeschaut usw. Lerncoaching dient also als oder der Diagnosemöglichkeit und dem formativen Feedback.

Als Grundlage für die Begleitung des fachlichen Lernens dient das Lerntagebuch/Logbuch der Schülerin oder des Schülers. Die Lerncoaches betonten im Forschungsprojekt, dass sie die Beratung individuell auf den Coachee abstimmten.

Mit ›Lernberatung‹ meinen die Lehrkräfte dabei auch die Begleitung bei Problemen, die die Schülerinnen und Schüler bei der Organisation des Lernens haben. Diese werden thematisiert und möglichst ressourcenorientiert bearbeitet. Es werden dabei also die metakognitiven Strategien der Schüler(innen) gefördert. Einige Lehrkräfte heben hervor, dass diese Form der Begleitung des selbständigen Lernens auch von den Schülerinnen und Schülern selbst eingefordert werde.

»Die Schülerinnen und Schüler im Lernprozess aktiv begleiten. Durch die Freiheit, die aufgrund der Veränderung des Lernens gegeben ist, benötigen die Schülerinnen und Schüler Hilfe, um sich in dieser Freiheit nicht zu verlieren. Selbständiges und selbstorganisiertes Arbeiten kann nur gelingen, wenn wir die Schülerinnen und Schüler begleiten, sie anleiten ihr Lernen zu reflektieren und Hilfen anbieten um effektiver lernen zu können. Selbständiges Lernen ohne Coaching ist ein alleine lassen der Schülerinnen und Schüler.« (Realschullehrerin, die an einer Gemeinschaftsschule Lerncoaching praktiziert)

Durch das Forschungsprojekt wurden zwei Problemfelder bei der Begleitung des fachlichen Lernens identifiziert:

- Die Lernbegleitung funktioniert besser in den Fächern, die die Lehrkräfte selbst unterrichten;
- Die Lernbegleitung bezieht sich in erster Linie auf die Hauptfächer, da der Lernweg der Schülerinnen und Schüler nur in diesen Fächern im Lerntagebuch dokumentiert wird.

Kategorie	(Kurz)Bedeutung nach Wittek (2013)	Bedeutung in Bezug auf das Coaching	Ankerbeispiel
Vermittlung	Passung zwischen Lerngegenstand und Lernenden herstellen	Coaching als Instrument der Begleitung des selbständigen Lernens der Schülerinnen und Schüler	»Gemeinsame Lerntyp-Bestimmung Hilfen bei der Erstellung eines Lernplanes [...]. Besprechung der Möglichkeiten lerntypengerecht zuhause zu lernen. Besprechung, was gerade gut läuft und WIE ich es geschafft habe, um diesen Weg weiterzugehen. Besprechung, was gerade nicht gut läuft, mit gemeinsamer Analyse, warum es nicht gut läuft, um daraus zu lernen und das Kind bei der Weiterentwicklung zu stützen.« (Gymnasiallehrerin, Schriftliche Befragung, Frage 1)

Tabelle 4: Ankertabelle zur Festlegung der Kategorie *Vermittlung (von Lerninhalten)*, eigene Darstellung.

Lerncoaching dient Lehrkräften also dazu, die Rolle als Begleitung der Schüler(inne)n beim fachlichen Lernen im Sinne eines Arbeitsbündnisses auszugestalten. Damit wird *eine weitere wichtige Entwicklungsaufgabe* für Lehrende, die in heterogeneren oder inklusiven Lerngruppen arbeiten, durch das Praktizieren von Lerncoaching unterstützt bzw. ermöglicht.

Entwicklungsaufgabe Anerkennung: Der Lerncoach ermöglicht Empowerment von Schülerinnen und Schülern

Die Zeit und der Raum für Lerncoachinggespräche dienen den Lehrkräften, jede Schülerin und jeden Schüler als Persönlichkeit wahrzunehmen und gemeinsam an der Bildung ihrer oder seiner Personalkompetenzen zu arbeiten.

Die Co-Forscher(innen) des Forschungsprojektes betonen dabei besonders die *neue* Möglichkeit, mit Schüler(innen) zu arbeiten, die in der Zeit *vor* der Einführung des

Lerncoachings ›durch das Raster gefallen‹ wären, weil sie als ›stille‹ Schüler(in) keine Zeit von der Lehrkraft erhalten hätten.

»Früher haben nur die verhaltensauffälligen und schwachen Kinder meine Zeit in Anspruch genommen, den braven und guten Schülern konnte ich nicht sagen, dass es toll ist, was sie leisten. Diese Möglichkeit habe ich jetzt durch das Coaching.«
(Realschullehrerin, die an einer Gemeinschaftsschule Lerncoaching praktiziert)

Mit der Wahrnehmung und Wertschätzung des einzelnen Schülers oder der einzelnen Schüler – als Individuum – im Lerncoaching wird offensichtlich ein Bedürfnis der Lehrkräfte als Pädagogin oder Pädagoge erfüllt. Lehrkräfte, die ihren Blick auf das einzelne Kind oder den einzelnen Jugendlichen richten, nehmen eine veränderte Haltung ein (vgl. Kuhl et al. 2014, S. 117 f.). Der Erziehungswissenschaftler Ewald Terhart dazu:

> »Das Problem der Heterogenität taucht erst auf, wenn man den Blick auf die Individualität der Kinder überhaupt zulässt [...].« (Terhart 2010a, S. 95, Hervorhebung im Original)

Lehrpersonen, die in heterogenen oder inklusiven Settings arbeiten, werden *unmittelbar* gefordert, die professionelle Balance zwischen dem gemeinsamen Lernen in der Gruppe und der individuellen Begleitung der Schüler(in) auszutarieren – Lerncoaching bietet *Zeit und Raum* für die Begleitung der *einzelnen* Schülerin oder des *einzelnen* Schülers.

Im Praxisforschungsprojekt sehen Lehrkräfte in Zusammenhang mit der Anerkennung der Schülerin oder des Schülers als Persönlichkeit, die Aufgabe im Lerncoaching gemeinsam an der Ausbildung der Personalkompetenzen zu arbeiten. An dieser Stelle wird ein Paradigma von Coaching deutlich: die Förderung der Selbstreflexivität (vgl. DBVC. Deutscher Bundesverband Coaching e.V. o.J.: o.S.).

»Des Weiteren finde ich gut, dass die Schüler über ihre Erfolge und Schwierigkeiten nachdenken sollen. Im späteren Berufsleben werden sie ihre Stärken und Schwächen aber auch ihre Arbeit immer wieder reflektieren müssen.« (Grund- und Hauptschullehrerin, die an einer Gemeinschaftsschule Lerncoaching praktiziert)

Als Ziel der Ausbildung der Personalkompetenzen wird die Selbständigkeit, d.h. das Empowerment der Schülerinnen und Schüler von den Lerncoaches genannt.

»Einerseits ist Coaching zwingend notwendig, um die Schülerinnen und Schüler in ihrem Lernen zu begleiten und sie so in immer mehr Eigenständigkeit zu führen.«
(Realschullehrer, der an einer Gemeinschaftsschule praktiziert)

Kategorie	(Kurz)Bedeutung nach Wittek	Bedeutung in Bezug auf das Coaching	Ankerbeispiel
Anerkennung	Anerkennung und Wertschätzung der Schülerin oder des Schülers als Persönlichkeit	Wertschätzung der Persönlichkeit der Schülerin oder des Schülers und Entwicklung der persönlichen Kompetenzen und des Empowerments	»[Coaching] ermöglicht das Kind viel umfassender wahrzunehmen, sowohl was seine Leistung, als auch seine Persönlichkeit anbelangt das Kind dort abzuholen, wo es steht alle Kinder mehr wahr zu nehmen, auch zurückhaltende Kinder bekommen Zuwendung und Rückmeldung.« (Realschullehrerin, Schriftliche Befragung, Frage 1)

Tabelle 5: Ankertabelle zur Festlegung der Kategorie *Anerkennung (der Schülerpersönlichkeit)*, eigene Darstellung.

Lerncoaching dient also Lehrkräften dazu, die Rolle als pädagogische Begleitung der Schüler(innen) auszugestalten, um Empowerment dieser zu ermöglichen. Damit wird die Ausgestaltung einer weiteren *Entwicklungsaufgabe* für Lehrende durch das Praktizieren von Lerncoaching unterstützt bzw. ermöglicht: die Entwicklungsaufgabe der Anerkennung der Schüler(innen)persönlichkeit. Diese Entwicklungsaufgabe hängt eng mit der Ausgestaltung der Entwicklungsaufgabe ›Rollenfindung‹ zusammen.

Entwicklungsaufgabe kollegiale Kooperation: Der Lerncoach als Schulentwickler

Lerncoaching ist als neues und innovatives pädagogisches Handlungskonzept noch nicht an den Schulen etabliert, vielmehr ist die Lehrkraft, die Lerncoaching praktiziert, selbst daran beteiligt dieses neue Instrument zu etablieren. Lerncoaching als Rückbindung und Rahmung individualisierter Lernarrangements wirkt als didaktisches Organisationselement und muss jeweils an das Lernen der Schülerinnen und Schüler in den jeweiligen Jahrgangsstufen angepasst werden.

Ein Lerncoaching-Konzept muss für die jeweilige Schule entwickelt und immer wieder evaluiert und weiterentwickelt werden (s. o.). Von den Lehrkräften, die sich beim Praxisforschungsprojekt als Co-Forscher(innen) beteiligten, wird Lerncoaching dementsprechend als pädagogisches Handlungskonzept wahrgenommen, das (noch) ständig weiterentwickelt werden muss.

> »Was für mich noch ein bisschen schwierig ist (.) Ich setz mich mit dem Kind hin und treffe Vereinbarungen; diese Vereinbarungen sind vielleicht auch für andere Lehrer wichtig, hilfreich. Und die anderen Lehrer sind aber nicht in der Lage und haben natürlich auch keinen Zugang zu diesen Coachingprotokollen, sodass sich auch öfter die Frage stellt: Wie erfahren andere betroffene Lehrer von der Vereinbarung, wenn sich Schüler XY jetzt auf eine gewisse Art und Weise verhalten soll oder etwas einfordern soll von den Lehrern? Wurden die anderen Lehrer informiert?«
> (Gymnasiallehrerin, die an einer Gemeinschaftsschule Lerncoaching praktiziert)

Dementsprechend wurden im Praxisforschungsprojekt Verbesserungsvorschläge für das Lerncoaching-Konzept der Schule erarbeitet, die anschließend von der Steuergruppe der Fallschule aufgenommen wurden und in einer Weiterentwicklung des Lerncoaching-Konzeptes der Schule mündete: Ein Curriculum für das Lerncoaching nach Jahrgangsstufen wurde erarbeitet sowie eine Gesprächsführungsfortbildung veranlasst (siehe Kapitel 3.3 sowie Kapitel 7). Kollegiale Kooperation wird hier auf der höchsten Kooperationsstufe der Stufen nach Judith Little (1990) praktiziert – als Joint Work. Denn an dieser Stelle kann eine Schulkultur identifiziert werden, die Veränderung in produktiver Weise begegnet (vgl. Schäfer et al. 2016; S. 21 f.).

Kategorie	**(Kurz)Bedeutung nach Wittek (2013)**	**Bedeutung in Bezug auf das Coaching**	**Ankerbeispiel**
Kollegiale Kooperation	Positionierung der eigenen Person in Bezug auf die Praxisgemeinschaft	Kollegiale Kooperation und Weiterentwicklung des Konzeptes zum Coaching an der Schule	»Also es fehlt im Prinzip die Schnittstelle vom Coaching mit dem Schüler dann mit den anderen Kollegen, die natürlich auch mit dem Schüler dann zusammenarbeiten.« (Gymnasiallehrerin, Gruppendiskussion, #00:28:09-7#) »Also dass wir <u>mittelfristig</u> ein Konzept brauchen, ist ja ganz klar. Wir sind jetzt halt gestartet mit Klasse fünf, dann sechs. Da funktioniert es ja jeweils auch noch mit <u>zwei</u> Tutoren. Aber irgendwann <u>kann</u> es ja gar nicht mehr gehen, weil wir gar nicht so viele Lehrer haben, dass jede Klasse zwei Tutoren hat, die dann die Coaches sind.« (Realschullehrer, Gruppendiskussion, #00:43:52-6#)

Tabelle 6: Ankertabelle zur Festlegung der Kategorie *kollegiale Kooperation*, eigene Darstellung.

Lerncoaching kann den Lehrkräften dazu dienen, die Rolle als Schulentwickler(in) auszugestalten, da es als innovatives pädagogisches Handlungskonzept von der praktizierenden Lehrkraft adaptiert und entwickelt werden muss. Diese Entwicklungsarbeit gelingt nur in professionellen Lerngemeinschaften. Damit wird die Ausgestaltung einer weiteren *Entwicklungsaufgabe* für Lehrende durch das Praktizieren von Lerncoaching unterstützt bzw. ermöglicht: die Entwicklungsaufgabe der kollegialen Kooperation.

5.3 Zusammenfassende Überlegungen: Lerncoaching als Ermöglichung von Raum und Zeit für den Umgang mit Vielfalt

Die Herausforderungen, die sich für Lehrkräfte stellen, die in heterogenen oder inklusiven Lerngruppen arbeiten, werden durch das pädagogische Handlungskonzept des Lerncoachings wesentlich erleichtert. Die positive Bewertung von Lerncoaching durch die Lehrenden, die bereits als Lerncoaches arbeiten, wird somit verständlich. Die Einstellung der Lehrkräfte, Heterogenität nicht als Belastung, sondern als Chance zu sehen und produktiv zu nutzen, wird als Grundvoraussetzung für einen gelungenen professionellen Umgang mit Heterogenität angenommen (vgl. Trautmann; Wischer 2013, S. 49). Diese Einstellung scheint durch das Praktizieren von Lerncoaching entscheidend positiv beeinflusst zu werden, denn die Lehrkraft erhält eine Möglichkeit zur Unterstützung der Ausgestaltung ihrer Entwicklungsaufgaben. Damit kann es zu einer Progression von beruflicher Kompetenz und zur Stabilisierung beruflicher Identität kommen (vgl. Hellrung 2010, S. 91).

Zusammenfassend kann Lerncoaching als pädagogisches Handlungskonzept interpretiert werden, welches den Lehrenden ermöglicht, die Balance zwischen dem gemeinsamen Lernen in heterogenen Lerngruppen und einer individuellen Unterstützung der einzelnen Schüler(in) professionell auszugestalten.

Die Lehrkraft erhält eine feste Zeit für die Arbeit mit dem *einzelnen Schüler* bzw. der *einzelnen Schülerin*. Diese *Zeit und der Raum* zur Begleitung des oder der Einzelnen werden durch Lerncoaching institutionalisiert. Die Lehrkraft erhält dafür eine Anrechnung in ihrem Stundendeputat, die Schüler(innen) erhalten ebenfalls eine verbindliche Lerncoaching-Zeit. Teilweise wird der Schüler oder die Schülerin über mehrere Jahre von seinem Coach begleitet, was im besten Falle eine stabile Beziehung zwischen Lerncoach und Schülerin oder Schüler zur Folge hat.

6 Lerncoaching – Beitrag zu einer Beziehungspädagogik

»Im Grunde sind es immer
die Verbindungen mit Menschen,
die dem Leben seinen Wert geben.«

Wilhelm von Humboldt
(1767-1835)

Interdisziplinären Zugänge zu menschlichen Beziehungen als Thema historischer, sozialphilosophischer, soziologischer, psychologischer und neurowissenschaftlicher Theorien belegen, dass positive Beziehungen eine grundlegende Bedingung menschlichen Lebens sind (vgl. Prengel 2013, S. 45). So ist auch die Beziehung zwischen Lehrer(in) und Schüler(in) bedeutsam – sie ist entscheidend für den Lernprozess und kann damit bedeutsam für die gelingende biographische Entwicklung sein. Besonders Kinder und Jugendliche in riskanten Lebenslagen sind von guten pädagogischen Beziehungen abhängig (vgl. Wustmann 2004, S. 151).

> »Pädagoginnen und Pädagogen werden »signifikante Andere« genannt, denn sie sind – nach und neben den Familienmitgliedern und den Gleichaltrigen – lebensgeschichtlichen bedeutsam.« (Prengel 2013, S. 10)

John Hattie bezieht sich auf Studien von Cornelius-White (2007) sowie auf eine Studie von Bishop et al. (2002), die als entscheidende Variable gelingender Unterrichtsprozesse eine gute Beziehung zwischen Schülerinnen und Schülern zu ihren Lehrkräften sehen (vgl. Hattie 2015, S. 7, S. 141 f.). Studien der pädagogischen Psychologie stellen die Bedeutung von Emotionen in Bezug auf die Lehrer(in)-Schüler(in)-Beziehung in den letzten Jahren fest (vgl. Meyer; Turner 2002, Grieder 2006, siehe auch Schweer 2008, Leitz 2015).

In der Neurowissenschaft wird die Bedeutung der Beziehungsebene bei Lernprozessen ebenfalls stark hervorgehoben. Sie wird hier als ›Soziale Resonanz‹ bezeichnet. Anfang der 1990er Jahre wurden durch den Italiener Giacomo Rizzolatti die Spiegelnervenzellen entdeckt. Diese sorgen für einen inneren Nachvollzug des Wahrgenommenen bei einem Gegenüber – außerdem sind sie die Schaltstellen für Empathie und Mitgefühl. Entscheidend sind für die Neurowissenschaften im Lernprozess die Verbindung (Resonanz) mit echten lebende Personen. Trotz oder gerade aufgrund der neuen Möglichkeiten der digitalen Unterstützung des Lernprozesses bleibt also die Beziehung zwischen Lehrenden und Schüler(innen) von entscheidender Bedeutung (vgl. Leitz 2015; siehe auch Bauer 2006).

Die Lehrer(in)-Schüler(in)-Beziehung ist nicht die einzige Variable für Unterrichtsqualität – jedoch eine entscheidende. Denn wenn die Qualität der pädagogischen Beziehung *nicht ausreichend* ist, werden alle anderen Dimensionen, die für die Qualität der Bildungsprozesse verantwortlich sind, ebenfalls beeinträchtigt (vgl. Prengel 2013, ebenda, S. 16, siehe auch Kuhl; Künne; Aufhammer 2011, S. 26).

Die Qualität der Beziehungen in Erziehungs- und Bildungsprozessen ist also ausschlaggebend. Beziehungen können eher *anerkennend* oder eher *verletzend* wirken. Eine solche polare Einordnung reicht aber nicht aus, um unterschiedliche Beziehungsqualitäten zu fassen. Beziehungen in Bildungseinrichtungen bewegen sich sehr oft *zwischen* anerkennenden und verletzenden Prozessen und können damit als *ambivalent* bezeichnet werden könnten (vgl. Prengel 2013, ebenda).

Unseren Blick für subtile Machttechniken in institutionellen und kommunikativen Strukturen hat Michel Foucault (1994) geschärft – auch für die in der Schule. Wir müssen gewahr sein, dass es sich bei der Beziehung zwischen Lehrkräften und Schüler(inne)n auch immer um die Gestaltung eines Machtgefälles zwischen der älteren und der jüngeren Generation innerhalb einer hierarchischen Institution handelt. Annedore Prengel dazu:

> »Wie können die Älteren ihr Verhältnis zu den Jüngeren so verantwortlich und solidarisch gestalten, dass sie weder menschenrechtlichen Prinzipien noch die Macht, die sie beide interpretierend gestalten müssen, verleugnen?« (ebenda S. 14)

Wenn wir also unseren Blick auf die Beziehung zwischen Lehrenden und Lernenden richten, müssen wir reflektieren, *wie* die Qualität dieser Beziehung ist und wie *Verbesserungen* möglich sind.

Lehrkräfte, die in einem Forschungsprojekt teilnahmen, das ich an einer Gemeinschaftsschule Baden-Württembergs von 2014 bis 2016 durchführte, sehen im Lerncoaching in erster Linie Raum und Zeit zur *Arbeit an der Beziehung* zur Schülerin oder zum Schüler – also an einer Arbeit an der Qualität der Beziehung.

> »Zu vielen Schülern entsteht eine viel engere Bindung«
> (Gymnasiallehrerin, die an einer Gemeinschaftsschule Lerncoaching praktiziert)

An dieser Stelle soll der Beitrag von Lerncoaching zu einer Beziehungspädagogik im Mittelpunkt stehen.

6.1 Lerncoaching als Beziehungsarbeit zwischen Lehrkraft und Schüler(in)

»Ein großer Vorteil ist es, die Kinder näher kennenzulernen. Das verschafft Vertrauen und auch bei den meisten eine gewisse Offenheit.«
(Realschullehrerin, die an einer Gemeinschaftsschule)

Die Möglichkeit im Lerncoaching an der Beziehung zwischen Schülerin oder Schüler sowie der coachenden Lehrkraft zu arbeiten, wird von einer sehr großen Zahl der Lehrkräfte, die im Praxisforschungsprojekt mitarbeiteten, das ich von 2014 bis 2016 an einer Gemeinschaftsschule Baden-Württembergs durchführte, positiv hervorgehoben. Bei der Frage nach der Bedeutung des Lerncoachings steht die Beziehungsarbeit im Lerncoaching an erster Stelle – wird also am häufigsten von den Lehrenden thematisiert:

»Die Tutorin [als Coach] bleibt in Kontakt bzw. bekommt Zugang zu Schülerinnen und Schülern, was nicht nur bei verhaltensauffälligen Schülerinnen und Schülern wichtig ist.« (Realschullehrerin, die an einer Gemeinschaftsschule Lerncoaching praktiziert)

Die Lehrkräfte sehen die Möglichkeit, die Beziehung zwischen sich und der Schülerin oder dem Schüler zu intensivieren, als Basis für eine gute pädagogische Arbeit und deuten vielfach das Coaching als ›Begleitung‹ der Schülerin oder des Schülers ›auf ihrem Weg‹. Damit wird die Begleitung in einem ganzheitlichen Sinne durch Lerncoaching gesehen.

Eine Kollegin betont dabei den Anspruch, den ›Lebensweg‹ ihrer Schülerinnen und Schüler zu begleiten, wenn sie folgende Aussage macht:

»Ich finde es [Coaching] wichtig, um die Schülerinnen und Schüler auf ihrem Weg (schulisch als auch im Leben) entsprechend zu begleiten.« Und weiter: »Ich war auch schon Klassenlehrerin und ich hatte nie diese Zeit und die Möglichkeit, meine Schülerinnen und Schüler in so einem Rahmen kennenzulernen und von ihnen mehr zu erfahren. Auch habe ich die Chance mit allen Kindern, egal welche Verhaltensweisen sie leben, zu sprechen und ihnen durch ihre Schulzeit zu helfen.«
(Realschullehrerin, die an einer Gemeinschaftsschule Lerncoaching praktiziert)

Einige Lehrkräfte nehmen die Bedeutung der Beziehung für die Schülerinnen und Schüler in den Blick, wenn sie die positive Bedeutung des ›Gespräches mit einer Vertrauensperson‹ oder den Aufbau der Kompetenz der ›Beziehungsfähigkeit‹ hervorheben. Eine Kollegin, die in der Klassenstufe sieben Schülerinnen und Schüler coacht, merkt kritisch an, dass das Vertrauensverhältnis bei Schülerinnen und Schülern in der Adoleszenz nicht mehr so leicht herzustellen sei:

> »[Die Schülerinnen und Schüler] haben eine Vertrauensperson, an die sie sich mit ihren Sorgen wenden können. Das wird allerdings von pubertierenden Schülern, die noch nicht lange Coaching hatten, weniger in Anspruch genommen.«
>
> (Realschullehrerin, die an einer Gemeinschaftsschule Lerncoaching praktiziert)

Zeit und Raum für die Beziehungsarbeit zu haben, scheint für die Lehrkräfte *noch* wichtiger zu sein, als Zeit für die Lernberatung im Zusammenhang mit Formen individualisierten Lernens zu haben; dies war die ursprüngliche die Intention bei der Einführung des Lerncoachings in heterogenen und inklusiven Lerngruppen.

Das Ergebnis des Praxisforschungsprojektes wird durch eine andere Studie bestätigt. Bei einer Umfrage, die an der Geschwister-Scholl-Schule in Tübingen (2011) durchgeführt wurde, wurden 15 Lehrkräfte befragt, die als Coaches in acht Lerngruppen eingesetzt waren: »Alle Coaches führen an, dass Lerncoaching vorrangig der Beziehungspflege dient« (Landesinstitut für Schulentwicklung 2014, S. 29).

An dieser Stelle ist nochmals wichtig zu fragen, *inwiefern* das Lerncoachinggespräch der Arbeit an der Beziehung zwischen der Lehrkraft und dem Schüler oder der Schülerin dienen kann.

Da ist zum einen die Tatsache, dass die Lehrperson im Lerncoaching (wenn es als Einzelcoachinggespräch organisiert ist) Zeit und Raum hat, mit Schülerin oder dem Schüler als Einzelperson zu arbeiten – und nicht, wie sonst, mit der Schülerin oder dem Schüler innerhalb der Gruppe. Diese Zeit haben Lehrende normalerweise nicht – besonders nicht innerhalb eines institutionalisierten Rahmens wie es nun aber das regelmäßige und wiederkehrende Lerncoachinggespräch darstellt.

> »Auch die Kinder haben einen besseren Kontakt zu der Lehrerin und können Probleme einbringen sei es im sozialen Bereich oder was das Lernen betrifft, einfach weil die Zeit da ist und sie müssen sich nicht extra überwinden, um auf einen zuzugehen.«
>
> (Grund- und Hauptschullehrerin, die an einer Gemeinschaftsschule Lerncoaching praktiziert)

Darüber hinaus verschiebt der Rahmen des Coachinggespräches die eher vertikale Beziehungsebene zwischen Lehrkraft und Schülerin oder Schüler auf eine möglichst horizontale Beziehungsebene. Die gegenseitige Wertschätzung im Coaching kann mit den Begriffen *Empathie, Akzeptanz* und *Echtheit* gekennzeichnet werden (vgl. Rogers 1972, siehe auch Nicolaisen 2013, S. 69). Die Lehrkraft nimmt dabei im Lerncoaching eine kooperative Grundeinstellung ein, die die Lernenden als selbsttätig begreift und ihnen Potenziale zuspricht. Diese Haltung ermöglicht es Lerncoach und Coachee im Coachingprozess Lösungen zu entwickeln und neue Wege gehen zu können. Diese Haltung immer wieder neu einnehmen zu können, stellt für den Lerncoach eine große Herausforderung dar und bedarf der Reflexion über die eigene Einstellung als Lerncoach.

Gleichzeitig ermöglicht der Anspruch an die reflexive Herstellung einer solchen Beratungshaltung für Lehrende eine neue Erfahrung im Rahmen ihrer pädagogischen Arbeit. Diese neue Erfahrung beschreiben Lehrkäfte, die als Lerncoaches arbeiten, als Möglichkeit der *Arbeit an der Beziehung* zwischen Schülerin oder Schüler und Lehrperson.

Die Verantwortung der Lehrkraft für eine positive Gestaltung der Beziehung im Lerncoaching muss besonders hervorgehoben werden. In der Forschung zu den Wirkfaktoren für gelingendes Coaching wird die *positive Beratungsbeziehung* zwischen Coach und Coachee als entscheidender Faktor angenommen (vgl. Mäthner et al. 2005, S. 72 f.). Dazu gehört letztlich auch im Umkehrschluss die Offenheit, sich als Coach einzugestehen, wann ein Coachwechsel sinnvoll sein könnte. Stimmt die Passung zwischen Lerncoach und Lernendem nicht, so sollte dieser Coachwechsel von beiden Seiten aus möglich sein.

Lehrkräfte meines eigenen Forschungsprojektes gehen davon aus, dass sich die Beziehungsebene, die sie im Lerncoaching erarbeiten, auch auf das Lernen der Schülerinnen und Schüler in derselben Umgebung (der Lerngruppe und der Schule) auswirken kann. Dabei muss bedacht werden, dass die Lerncoaches in der Fallschule die Schülerinnen und Schüler über mehrere Jahre begleiten.

6.2 Jede(r) wird gesehen! Lerncoaching als Beitrag für ein positives Schulklima

> »Personell gesehen bindet das Coaching auch die Lehrer(in) an die Klassen, so dass sich hier der Zusammenhalt und das Zusammenwachsen auf die Schule an sich auch positiv auswirken kann und so sich möglicherweise auch das Schulklima längerfristig verbessern kann/wird.«
>
> (Realschullehrerin, die an einer Gemeinschaftsschule Lerncoaching praktiziert)

Es werden mittlerweile drei gleichwertige Ziele in Bezug auf die Qualität der Schule gesehen: der Anspruch an hohe Leistungen (*Excellence*), der Anspruch an Chancengerechtigkeit (*Equity*) (vgl. Klieme et al. 2010, S. 294 f., siehe auch Bohl; Wacker 2016, S. 37) sowie der Anspruch an das Wohlbefinden des Schülers oder der Schülerin (*Well-Being*) (vgl. Sliwka 2015, S. 8). Die Kinderschutzorganisation UNICEF stellte in ihrem Bericht zum Wohlbefinden der Kinder für Deutschland kein gutes Zeugnis aus. Dabei stürzt Deutschland auf Platz 22 von 29 der untersuchten Industrienationen ab, wenn es um die subjektiv eingeschätzte Lebenszufriedenheit von Jugendlichen geht. Der Bericht der UNICEF stellt dazu fest, dass es offenbar vielen Kindern und Jugendlichen in Deutschland an einem positiven Selbstwertgefühl fehle (vgl. UNICEF-Bericht zur Lage der Kinder in den Industrieländern, 2013, S. 10). Die Organisation dazu:

> »Es ist die Aufgabe der Erwachsenen, Kindern die Möglichkeit zu eröffnen, den Glauben an sich selbst zu entfalten. Kinder brauchen zuerst und vor allem Liebe und Zuneigung, feste Bindungen, Aufmerksamkeit und Zeit. Doch ist es sicher nicht angezeigt, den Eltern pauschal die Schuld zuzuweisen. Vielmehr spricht einiges – auch die guten Leistungen im Bildungsbereich – dafür, Kinder und Eltern mehr zu entlasten. Zu hoher Leistungsdruck kann eine Ursache sein, wenn Kinder mit sich und ihrem Leben unzufrieden sind.« (ebenda)

Der Anspruch auf ein positives Wohlbefinden der Schüler(innen) verweist auf ein Schulklima, in dem der einzelne Schüler und die einzelne Schülerin mit ihren persönlichen Anliegen und Empfindungen im Mittelpunkt steht.

In einer Schule, in der jede Schülerin und jeder Schüler von ihrem oder seinem Lerncoach begleitet wird, verbessert sich das Schulklima. In Coachinggesprächen ist Raum und Zeit für Anliegen der Schülerinnen und Schüler. Dies bedeutet, dass jede Schülerin und jeder Schüler eine direkte Begleitung beim Lernen und Leben (in der Schule) hat. Die Schüler(innen) werden wahrgenommen und ihre Bedürfnisse und Fragen ernstgenommen. Die Stärkung des Selbstwertgefühls (Empowerment) des Coachees ist ein wesentliches Ziel von Lerncoaching (siehe Kapitel 3.1).

Die Stimme einer Lehrkraft verdeutlicht, was ein positives Schulklima an einer Schule auszeichnet:

> »Man kümmert sich an unserer Schule um jeden einzelnen Schüler« (Fend 2008, S. 161)

Was der Erziehungswissenschaftler Helmut Fend als kennzeichnend für eine »gute Schule« einschätzt, ist in einer Schule, in der jedes Kind und jeder Jugendliche einen fest zugeordneten Lerncoach hat, gelebter Alltag.

Das Lerncoachinggespräch schafft also im besten Falle Vertrauen zwischen Lerncoach und Schülerin oder Schüler. Es stellt damit die Basis für eine gelungene Schulkultur dar, in der jede(r) als Persönlichkeit geachtet, gesehen und darüber hinaus auch begleitet wird. Nochmals Helmut Fend zu einer gelungenen Schulkultur:

> »Kulturen der Wertschätzung bedürfen zu ihrer Pflege der institutionellen »Gefäße«. Sie entstehen erst in längeren und dauerhaften Beziehungen und in Kommunikationskontexten, die die Wahrnehmung der anderen, die Artikulation von deren Perspektive und Anliegen zum Ausdruck kommen lassen. Riten und Routinen, regelmäßige Treffpunkte und Treffzeiten müssen sie stützen.« (ebenda, S. 178).

Lerncoachinggespräche, die von einer Lehrperson regelmäßig geführt werden, bei der die Schülerin oder der Schüler über mehrere Schuljahre fest zugeordnet ist und deren Qualität gut sind, sind im besten Sinne solche »institutionellen Gefäße« einer gelungenen Schulkultur.

Lehrkräfte sehen den Beitrag von Coachinggesprächen für ein positives Schulklima folgendermaßen:

> »Positiv! Es entsteht/besteht meistens ein gutes und freundliches Verhältnis zwischen Schülern und Lehrern und auch den Eltern.«
> (Realschullehrerin, die an einer Gemeinschaftsschule Lerncoaching praktiziert)

An der Fallschule, an der ich das Praxisforschungsprojekt durchführte, ist der Starterjahrgang für das Lerncoaching nun im zehnten Schuljahr. Dies bedeutet, dass die meisten Schülerinnen und Schüler des zehnten Jahrgangs bereits seit fast sechs Schuljahren von derselben Lehrkraft als Lerncoach begleitet werden. Die Dauer der Begleitung schafft ein Klima von Verlässlichkeit und Vertrauen, welches zu einem guten Schulklima beitragen kann.

6.3 Lerncoaching ermöglicht eine Schule der Vielfalt statt einer Schule der Heterogenität

Schon zu Beginn des Buches wurde erläutert, dass Lerncoaching besonders in integrierten Schularten – wie den Gemeinschaftsschulen und integrierten Gesamtschulen – praktiziert wird (vgl. Kapitel 1.3). In den Gemeinschaftsschulen Baden-Württembergs stellt eine Verordnung zum Lerncoaching sicher, dass jeder Schülerin und jedem Schüler eine Lehrkraft als Lerncoach fest zugeordnet wird.

Nachdem ich nun versucht habe, in den verschiedenen Kapiteln die Vorteile von Lerncoaching für Lernende, aber auch für Lehrerende zu beleuchten, möchte ich an dieser Stelle in zusammenfassender Weise den Gewinn von Lerncoaching für *alle Schularten* und damit für *jede einzelne Schule* verdeutlichen, die eventuell schon bald

Lerncoaching als neues pädagogisches Element einführen möchte. Dabei werde ich begründen, warum Lerncoaching letztlich eine Schule der Vielfalt ermöglicht.

»Sehr positiv, da hier wirklich das Kind (und sein Lernprozess) absolut in den Fokus rückt. Ich denke, dass dies rückwirkend automatisch verändert, was uns in Bezug auf die Schulentwicklung wichtig ist.«
(Realschullehrer, der an einer Gemeinschaftsschule Lerncoaching praktiziert)

Bei der Einführung von Lerncoaching an Schulen steht und stand von Anfang an der bzw. die einzelne Lernende im Mittelpunkt:

Schulen, die individualisierende und adaptive Lernformen in ihrem pädagogischen Konzept favorisieren – also integrierte Schularten – schätzen Lerncoaching besonders als Organisationselement des Lernens: Als Rahmung und Rückbindung von individualisierenden, adaptiven Lernformen in heterogenen Lerngruppen. Lerncoaching ermöglicht Zeit und Raum für das Gespräch eines Lehrenden mit dem oder der Lernenden über den individuellen Lernweg. Als Organisationselement beim individualisierten Lernen bietet das Lerncoachinggespräch so die Möglichkeit zur lernförderlichen Diagnostik und bietet Raum für Feedbackmöglichkeiten zum Lernprozess der Schülerin oder des Schülers. So wird die adaptive Gestaltung des Lernprozesses ermöglicht (vgl. Bohl 2013, S. 251, siehe auch Bastian; Hellrung 2011, S. 8). Damit wird Lerncoaching zum didaktischen Organisationselement und Gütekriterium in einer Schule, deren Konzept ein positives Heterogenitätsverständnis hat.

Schulen, die weniger individualisierende Lernformen in ihrem pädagogischen Konzept vorsehen, können die Vorteile von Lerncoaching aber ebenfalls nutzen und dieses als pädagogisches Handlungskonzept einführen. Die Heterogenität der Lerngruppen nimmt in allen Schularten zu – dies spüren Lehrende an jeder Schule, an der sie arbeiten.

Das Lerncoachinggespräch ist als Beratungsgespräch einem konstruktivistischen Lernverständnis verpflichtet – Lerncoach und Coachee führen ein Gespräch auf Augenhöhe. Der Lernende wird als selbsttätig angenommen, dem Potenziale zugesprochen werden. Als übergeordnete Ziele des Lerncoachinggespräches sind die Förderung der Selbstregulation und damit die Stärkung der Resilienz des Lerndenen zu sehen. Indem der Lerncoach zusammen mit dem Coachee an den fachlichen Kompetenzen, den sozial-kommunikativen, den meta-kognitiven Strategien und den personalen Kompetenzen arbeitet, wird Empowerment des Coachees ermöglicht (vgl. Hardeland 2015, S. 22 ff, siehe auch Pallasch; Hameyer 2012, S. 99 f.). Ein ganzheitlicher Begleitungscharakter von Lerncoaching wird besonders durch die Organisationform gewährleistet: Die Lerncoachinggespräche finden in regelmäßigen und verlässlichen Abständen statt, jeder Schülerin und jedem Schüler ist ein fester Lerncoach über mehrere Jahre zugeordnet (vgl. ebenda, S. 112). Damit wird Lerncoaching zum pädagogischen Handlungskonzept, das die Selbstregulation von Lernenden stärkt, welches in jeder Schule als Element der Beziehungspädagogik eingesetzt werden kann.

Die Zufriedenheit von Lehrkräften mit Lerncoaching erklärt sich daraus, dass das pädagogische Handlungskonzept zur Möglichkeit der Professionalisierung in heterogenen Settings wirken kann. Heterogene und inklusive Lerngruppen fordern Lehrkräfte heraus, denn sie fordern unmittelbar den Blick auf den Einzelnen. Durch Lerncoaching erhalten Lehrkräfte Zeit und Raum für die pädagogische Arbeit mit der einzelnen Schülerin und dem einzelnen Schüler. Diese Zeit dient Lehrkräften zur Ausgestaltung zentraler Entwicklungsaufgaben, die sie in heterogenen Lerngruppen zu bewältigen haben (vgl. Müller-Lehmann 2019, S.158). Besonders die Unterstützung durch Lerncoaching bei einem gelingenden Rollenwechsel hin zum Selbstkonzept als Lernbegleiterin oder Lernbegleiter führt zur Stabilität einer professionellen Identität und damit zur Zufriedenheit von Lehrenden (vgl. Bastian; Hellrung 2011, S. 9).

Die Möglichkeit zur Gestaltung der Schüler(in)-Lehrer(in)-Beziehung, um die Qualität dieser zu verbessern, wird mit der pädagogischen Arbeit im Lerncoaching-Gespräch verbunden. Die Verbesserung dieser pädagogischen Beziehung wirkt sich auf das Schulklima in jeder Schule in positiver Weise aus (vgl. Fend 2008, S. 178):

Jede(r) wird gesehen und begleitet, sodass eine positive Schulkultur in einer Schule der Vielfalt ermöglicht wird.

7 Ausblick: Lerncoaching für die Schule der Zukunft – Entwicklungsaufgabe für Bildungspolitik, Lehrkräfteausbildung, Lehrkräftefortbildung und Wissenschaft

»Die Zukunft gehört denen,
die an die Wahrhaftigkeit ihrer Träume glauben.«;

Eleonor Roosevelt, (1884-1962)
amerikanische Menschenrechtsaktivistin
und Diplomatin

Dieses Buch möchte Anregungen für die Schule der Zukunft geben. Lerncoaching ist ein recht junges pädagogisches Handlungskonzept, das in Schulen praktiziert wird, deren Akteure daran glauben, dass gute Innovationen in der Schule nicht nur zu besseren Leistungen der Schülerinnen und Schüler führen, sondern auch zu Bildungsgerechtigkeit und zum Wohlbefinden aller in der Schule beitragen.

In diesem Kapitel möchte ich einen Ausblick wagen, indem ich zunächst darauf eingehe, wie sich das Lernen in der Schule der Zukunft verändern wird und welchen Beitrag dazu Lerncoaching zu leisten vermag. Abschließend möchte ich die sich daraus ergebenden Entwicklungsaufgaben für Bildungspolitik und Bildungswissenschaft ableiten.

7.1 Ein Blick in die Schule der Zukunft

Wenn wir die Schule mit unserer Lebens- und Arbeitswelt vergleichen, ist diese bislang noch weitgehend ein Bollwerk der Kontinuität. Während sich in den letzten Jahrzehnten die meisten Berufsfelder grundlegend veränderten und die meisten Arbeitsplätze völlig anders aussehen als noch vor 30 Jahren, so ist dies noch nicht der Fall, wenn wir einen Blick in die meisten Klassenzimmer werfen.

Dass dies in naher Zukunft nicht mehr so bleiben wird, kündigt sich in immer mehr Schulen an. Beispielhaft sei hier das veränderte Lernen in der Alemannenschule in Wutöschingen genannt. Diese ist eine staatliche Gemeinschaftsschule in Baden-Württemberg, an der alle Schüler(innen) mit Tablets in Lerngruppen ohne traditionelle Klassenzimmer lernen und von Lerncoaches betreut werden.

Wenn Schüler(innen) auf die Herausforderungen der Zukunft vorbereitet werden sollen, werden sich die Formen des Lernens ändern (müssen) – die Digitalisierung wird auch die Schule grundlegend verändern. Die Frage dabei wird sein, *wie* dieser

Wandel gestaltet wird und *auf welche Anforderungen* die Schülerinnen und Schüler vorbereitet werden müssen. Ein Blick in die Schule der Zukunft macht deutlich, wie sich damit die Rolle der Lehrenden in Zukunft verändern wird.

Anforderungen einer veränderten Arbeitswelt

Die Bildungswissenschaftlerin Anne Sliwka untersucht besonders erfolgreiche Bildungssysteme weltweit und möchte Impulse geben, wie Schule weiterentwickelt werden kann, um sie zukunftsfähig zu machen; sie kann als Ideengeberin für Bildungsreformen verstanden werden. In ihrer Argumentation setzt Sliwka bei den Veränderungen des Arbeitsmarktes an. Sie betont, dass sich die Anforderungsprofile drastisch veränderten, indem mittlere Tätigkeiten und Routinetätigkeiten durch die Digitalisierung zurückgingen. Hingegen seien weltweit komplexe Problemlösefähigkeiten in Teams gefragt. Während es früher wichtig war, dass viele dasselbe könnten, seien in der Arbeitswelt und damit auch in der Schule des 21. Jahrhunderts hingegen unterschiedliche Kompetenzen gefragt, die in kooperativen Problemlösesettings eingebracht werden müssten. Letztlich würden laut Sliwka eine höhere Bildung für denselben Beruf erwartet – am Beruf der Arzthelferin, die zur Assistentin werde, könne dies veranschaulicht werden (vgl. Sliwka 2018, siehe auch Jeggle 2018, S. 14).

Es werden vier Anforderungen gesehen, die sich durch die Veränderungen der digitalisierten Arbeitswelt für Schülerinnen und Schüler ergeben, wenn sie für die Zukunft optimal vorbereitet werden sollen:

- *Flexibilität:*
  Da die Berufsbilder sich ständig weiterentwickeln und sich Wissensbestände rasch und ständig ändern werden, ist es wichtig Schüler(inn)en eine neugierige Offenheit beizubringen.
- *Kreativität*:
  Die Fähigkeit zur kreativen Gestaltung von Prozessen und Produkten wird wichtiger. Kreativität wird so zur Schlüsselkompetenz für Schüler(innen) und die Schulen werden herausgefordert echte Gestaltungsmöglichkeiten zu bieten.
- *Kollaboration:*
  Digitale Medien ermöglichen ortsunabhängige und schnelle Kooperation. Kreative Prozess- und Produktgestaltung wird in Zukunft zunehmend kollektiv organisiert. Schüler(innen) brauchen dazu entsprechende Kompetenz in Teamarbeit und zielorientierter Kommunikation.
- *Digitale Literacy:*
  Die Beherrschung von »drei Sprachen« (Muttersprache, Mathematik und Fremdsprache) muss um die Beherrschung und Anwendung der vierten Sprache *Software* ergänzt werden.
  (vgl. Schulz; Thurn 2017, S. 46).

In Zukunft werden Soft Skills relevanter, darüber hinaus besonders die Fähigkeit zur Selbstregulation (vgl. Sliwka 2018, siehe auch Jeggle 2018, S. 14). Lerncoaching leistet damit einen Beitrag zur Schule der Zukunft, indem die Fähigkeit zur Selbstregulation gestärkt und ausgebildet wird und als Ziel von Lerncoaching gilt.

Die heutige Schule ist aufgrund ihrer Geschichte eher noch auf Hierarchisierung, Gleichschritt und Anpassung ausgerichtet. Für die Schule der Zukunft werden aber verstärkt Demokratisierung, kreatives Querdenken und offenen Lernräume gebraucht (vgl. Schulz; Thurn 2017, ebenda).

Welche Bedeutung Lerncoaching in Zukunft gewinnen wird, kann verdeutlich werden, wenn wir uns die veränderten Lernsettings in der Schule der Zukunft und die damit veränderte Rolle der Lehrenden vor Augen führen.

Lernen in der Schule der Zukunft

An allen Schularten hat sich die Zusammensetzung der Lernenden hin zu mehr Heterogenität gewandelt (siehe Kapitel 1). Aber nicht nur die Zusammensetzung hat sich verändert, sondern auch die Art der Wissensbeschaffung und die Art und Weise, wie Schüler(innen) heute bereits lernen. Rund um die Uhr kann im Internet recherchiert werden, das Smartphone – das Internet in der Hosentasche – wird von fast allen Schüler(inne)n bereits außerhalb des Unterrichts genutzt. Schüler(innen) lernen schon heute – meist außerhalb der Schule – bevorzugt durch (Erklär)filme und Bilder. Texte bleiben wichtig, aber werden häufig eher auszugsweise gelesen. (vgl. Jeggle mit Sliwka 2018, S. 14).

Die Dynamik, die die Art der Wissensbeschaffung durch die Digitalisierung verändert, ist gewaltig. Darüber hinaus bietet der unmittelbare virtuelle Austausch den zügigen Wissensaustausch sowie die Möglichkeiten zur Zusammenarbeit. Digitale Medien ermöglichen bereits heute eine schnelle, unmittelbare und ortsunabhängige Kooperation (vgl. Schnack; Thurn 2017, S. 46).

Gleichzeitig sind Texte, Bücher, Lehr- und Lernmaterialien, Vorträge und Seminare im Netz universal verfügbar. Neue Softwaretools ermöglichen individualisiertes Lernen in interaktiver Form, sodass digital organisiert werden kann, Angebote auf den Leistungsstand des Einzelnen zuzuschneiden und Feedback zum Lernfortschritt zu geben (vgl. Burow 2015, S. 36). Darüber hinaus kann in vernetzten Lerngemeinschaften gelernt werden:

> »So können Lehrer(innen) nicht nur die besten Kurse austauschen, sondern mit den Lerngruppen auch virtuelle Spaziergänge durch Landschaften, Kunstausstellungen, kleine Forschungsreisen und vieles mehr unternehmen. [...] Die Schule der Zukunft wird so teil eines interaktiven globalen Lehr-/Lernnetzwerkes, das seine Lektionen und Materialien mithilfe der »Weisheit der Vielen« permanent optimiert«. (ebenda, S. 35)

Die Skizze der veränderten Anforderungen der Arbeitswelt sowie der neuen digitalen Bildungsmöglichkeiten verdeutlicht, wie sich das Lernen in der Schule in grundlegender Weise ändern wird. An dieser Stelle sollen nicht die Gefahren dieser Entwicklung diskutiert werden, die es aber – an anderer Stelle und in einer breiten gesellschaftlichen bildungspolitischen Diskussion – durchaus zu diskutieren gilt. Besonders Fragen der Kommerzialisierung und Privatisierung sowie der Schutz der Daten der Schüler(innen) müssen hier in den Blick genommen werden. Auf der anderen Seite bietet diese Bildungs(r)evolution, deren Anfang wir gerade erleben, eine große Chance zur Humanisierung der Schule. Lernen mit Hilfe digitaler Medien wird kreativer, teamorientierter und individualisierter werden.

Die skizzenhaften Darstellungen in diesem Kapitel verdeutlichen, dass sich die Rolle der Lehrkraft ebenfalls fundamental ändern wird. »Musste man sich bislang mit [...] Lehrern abfinden, erhält man heute mit wenigen Mausklicks Zugang zu den besten des Fachs [...]« (Burow 2015, S. 36) – diese Feststellung zeichnet in überspitzter Weise nach, wie sich die Rolle der Lehrkraft von der einer Wissensvermittlerin zur Lernbegleitung wandeln wird. Lerncoaching wird an Bedeutung gewinnen. Denn es wird in Zukunft wichtiger werden, dass über das Lernen reflektiert wird und die Lernenden dazu befähigt werden, zunehmend selbständig auf ein Ziel zuzuarbeiten.

Je freier und kreativer gelernt wird, desto bedeutsamer wird Lerncoaching als personale Begleitung jeder Schülerin und jedes Schülers durch eine Lehrkraft. Trotz oder gerade wegen der neuen Möglichkeiten der Digitalisierung bleibt also die Beziehung zwischen Lehrenden und Schüler(inne)n von entscheidender Bedeutung.

Diese wird auch durch die Neurowissenschaften stark hervorgehoben (vgl. Leitz 2015; siehe auch Bauer 2006). Entscheidend bleibt im Lernprozess die Verbindung (Resonanz) mit echten lebenden Personen.

7.2 Lerncoaching als Entwicklungsaufgabe für Bildungspolitik, Lehrkräfteaus- und -fortbildung

Lerncoaching wird also in Zukunft relevant für alle Schularten und stellt daher eine wichtige Entwicklungsaufgabe für die Bildungspolitik dar.

Die Bildungspolitik ist im deutschsprachigen Raum Ländersache. Die Kultusministerkonferenz der Länder der Bundesrepublik Deutschland (KMK) kann Beschlüsse fassen, die als Empfehlungen für die Bundesländer fungieren; in den Bundesländern müssen diese aber jeweils gesetzlich umgesetzt werden. Dies hat zur Folge, dass im deutschsprachigen Raum eine Vielzahl von unterschiedlichen Schulformen zu finden ist. Es gibt mittlerweile zwar in fast allen Bundesländern integrierte Schularten – doch Lerncoaching wird auch in diesen nicht einheitlich praktiziert. Verordnungen oder gar Gesetze zur verbindlichen Praxis von Lerncoaching, die sich auch als Anrechnung von Arbeitszeit für Lehrkräfte (Deputatsanrechnung) niederschlagen, finden sich in keinem Bundesland. In Baden-Württemberg gilt seit 2012 die Verordnung zum Lerncoaching, die regelt, dass jedem Schüler und jeder Schülerin ein fester Lerncoach zugeordnet werden muss (vgl. Rux 2016, 373). Aber auch in Baden-Württemberg gibt es keine Anrechnung der zusätzlichen Aufgabe für die Lehrenden. Dies bedeutet, dass jede Schule abwägen muss, ob sie ihre sog. »Poolstunden« (zusätzliche Anrechnungsstunden, die für Differenzierung zur Verfügung stehen) für Lerncoaching bereitstellt, oder ob sie diese lieber für andere pädagogische Maßnahmen einsetzt, die ebenfalls zur individuellen Förderung beitragen. Eine Anerkennung der neuen Aufgabe des Lerncoachings, die sich konkret in Arbeitszeit für Lehrkräfte niederschlägt, wäre sehr wünschenswert. Denn die Verlässlichkeit der tatsächlich durchgeführten Lerncoachinggespräche hängt entscheidend von deren Anrechnung als Arbeitszeit ab.

Die Kultusministerkonferenz hat im Jahre 2004 Standards für die Lehrerbildung beschlossen, in denen sich auch Aussagen zur Beratungskompetenz von Lehrenden finden. In den Standards für die theoretischen Ausbildungsabschnitte (an den Hochschulen) findet sich folgender Standard:

> »Die Absolventinnen und Absolventen kennen Prinzipien und Ansätze der Beratung von Schülerinnen/Schülern und Eltern« (Sekretariat der Ständigen Konferenz der Kultusminister der Länder in der Bundesrepublik Deutschland 2004, S. 11)

In den Standards für die praktischen Ausbildungsabschnitte (im Referendariat) heißt es:

> »Die Absolventinnen und Absolventen setzen unterschiedliche Beratungsformen ein und unterscheiden Beratungsfunktion und Beurteilungsfunktion. [...] Die Absolventinnen und Absolventen kooperieren mit Kolleginnen und Kollegen bei der Erarbeitung von Beratung/Empfehlung.« (ebenda)

Somit kann festgehalten werden, dass von Lehrkräften Beratungskompetenzen bereits erwartet werden können. Dabei stellt sich allerdings die Frage, durch die Hochschulen (erste Ausbildungsphase), Seminare (zweite Ausbildungsphase) und staatlichen Institute für Lehrkräftefortbildung (dritte Ausbildungsphase/Weiterbildung) eine verbindliche Umsetzung dieser Standards erfolgt (ist). An den Hochschulen wird ein Studium der Beratung häufig als Zusatzqualifikation oder Wahlmodul angeboten, stellt aber in vielen Fällen keine Pflichtveranstaltung für das Lehramtsstudium dar. In der zweiten und dritten Phase der Lehreraus- und -fortbildung werden Beratung, Lerncoaching und Gesprächsführungsmethoden oftmals nicht in ausreichendem Maße ausgewiesen. Es werden von Lehrenden vielmehr Fortbildungen zum Lerncoaching von privaten Anbietern genutzt, die aber häufig selbst finanziert werden müssen.

> »Kaum jemand wurde direkt geschult, obwohl es solche Fortbildungen und Schulungen gibt. Wenn man einheitlich vorgehen möchte und Qualität sichern möchte, dann muss man auch etwas in Fortbildung und das Entwickeln eines gemeinsamen pädagogischen Konzeptes stecken.«
> (Grund- und Hauptschullehrerin, die Lerncoaching an einer Gemeinschaftsschule praktiziert)

In diesem Buch habe ich versucht ausführlich herzuleiten, welchen Gewinn Lerncoaching für die Schule der Zukunft, für das Wohlbefinden und damit auch für die Leistungssteigerung von Schülerinnen und Schülern, aber auch für die Professionalisierung von Lehrkräften in heterogenen Lerngruppen bedeutet. Verbunden mit den neuen Anforderungen an die Professionalität von Lehrenden, die in heterogenen Settings arbeiten, ist eine andere Haltung als Lehrkraft gefordert, die als Rollenwechsel von der Wissensvermittlerin oder dem Wissensvermittler hin zur Lernbegleiterin oder Lernbegleiter beschrieben werden kann (vgl. Heinrich et al. 2013; S. 85 f.). Die Entwicklungsaufgabe der ›Rollenfindung‹ für Lehrende, die in heterogenen Lerngruppenarbeiten, kann entscheidend durch das Element der Supervision unterstützt werden. Eine Begleitung von praktizierenden Lerncoaches durch Supervision ist in diesem Sinne wünschenswert und für die Professionalisierung der Lehrkräfte besonders effektiv (vgl. Bennemann; Schönknecht 2016, S. 20). Denn nur durch die rückwendende Reflexion kann es zu einem entscheidenden Zuwachs von Professionalität der Lehrenden kommen (vgl. Terhart 2011a, S. 207). Die Schulpsychologischen Beratungsstellen, die für Supervision von Lehrkräften zuständig sind, müssen dafür aber besser ausgestattet werden. Nur so können diese die Aufgabe der Supervision flächendeckend anbieten.

Den Bedarf zur Unterstützung der Lehrenden für ihren Rollenwechsel von einer traditionellen Wissensvermittlerin zur Lernbegleiterin bzw. zum Lernbegleiter betonen auch Autorinnen einer Studie, die an der Geschwister-Scholl-Gemeinschaftsschule in Tübingen durchgeführt wurde:

> »Der Coach erfährt eine Veränderung in seiner Arbeit, da seine Tätigkeit nun weitgehend in der Unterstützung und Begleitung der Lernenden, nicht mehr im Lehren besteht. Dieses veränderte Tun löst auch immer wieder Unsicherheiten aus. [...] [D]as Neue [muss] erprobt und gleichzeitig immer wieder reflektiert und gegebenenfalls verändert und angepasst werden. Der Coach wird durch die zunehmende Vertrautheit mit einzelnen Lernenden auch vor pädagogische und psychologische Aufgaben gestellt, für die er nicht ausgebildet ist. Diese Aufgabe kann ihn bisweilen überfordern. Daher gilt es die Coaches professionell begleitend zu unterstützen.« (Landesinstitut für Schulentwicklung 2014, S. 30).

Mit zunehmender Heterogenität der Schüler(innen), aber auch durch die Ansprüche, die an eine Schule der Zukunft gestellt werden, hat sich die Arbeitsweise von Lehrkräften bereits verändert. Diese wird sich in Zukunft in allen Schulformen noch weiter verändern. Es wird weltweit häufig von ›Design‹ gesprochen, wenn es um die Planung guten Unterrichts geht, der engagiertes Lernen in einer multimedialen Lernumgebung ermöglicht. Das Gestalten – oder designen – einer solchen Lernumgebung, die projektorientiertes, individualisiertes und engagiertes Lernen ermöglicht, kann nur im Team in sogenannten Professionellen Lerngemeinschaften erfolgen (vgl. Sliwka 2018, S. 51). Dies bedeutet, dass wir alternative Formen der Berechnung von Lehrerarbeitszeit jenseits der Deputatsstundenregelung brauchen. Schon heute arbeiten viele Lehrkräfte ausschließlich am Arbeitsplatz Schule: sie unterrichten, sie coachen Schüler(innen), sie führen Elterngespräche, besprechen sich mit Kolleg(inne)n, arbeiten zusammen mit Sozialpädagog(inn)en, bereiten Unterrichtseinheiten und Projekte im Team vor usw.. Die räumliche und sächliche Ausstattung der Schulen entsprechen diesem Wandel des Berufsbildes aber vielfach in keiner Weise. Auch an dieser Stelle sollte von Seiten der Bildungspolitik umgedacht werden.

Gute und ausreichend finanzierte Bildungspolitik ist eine Investition in die Zukunft unserer Kinder und Jugendlichen.

7.3 Lerncoaching als Entwicklungsaufgabe für Bildungswissenschaft und Forschung

Erziehungswissenschaftliche Einordnungen des neuen Handlungskonzeptes des Lerncoachings sind noch selten. Stefanie Schnebel hat 2013 im Jahrbuch der Allgemeinen Didaktik einen Aufsatz veröffentlicht, in dem sie Lernberatung, Lernbegleitung und Lerncoaching wissenschaftlich voneinander abgrenzt und damit Licht ins Dunkel der verschiedenen Beratungsformen in individualisierten Unterrichtssettings bringt (vgl. Schnebel 2013). Die Veröffentlichungen zum Lerncoaching sind häufig praxisorientiert und/oder fühlen sich einem bestimmten Beratungsansatz verpflichtet (vgl. Eschelmüller 2007, Laake 2012, Landesinstitut für Schulentwicklung 2014, Nicolaisen 2013). Es gibt einige Veröffentlichungen, die Lerncoaching auch theoretisch einordnen (Hardeland 2015, siehe auch Pallasch; Hameyer 2012). Welchen Beitrag Lerncoaching für die Professionalisierung von Lehrenden in heterogenen Lerngruppen zu leisten vermag, thematisiert Wittek (2013). Monika Perkhofer-Czapek und Renate Potzmann erhoben in einer Studie, die sie mit österreichischen Lehrkräften durchführten, das Rollenverständnis dieser zu den Rollen Lernbegleiter(in), (Lern-)Berater(in) und (Lern-)Coach. Sie fragten dabei nach der Übereinstimmungen der Einschätzungen der Lehrkräfte mit dem Verständnis der Literatur sowie der Zumutbarkeit der Übernahmen der neuen Rollen (Perthofer-Czapek; Potzmann 2016). Durch mein Praxisforschungsprojekt zum Lerncoaching an einer Gemeinschaftsschule Baden-Württembergs konnte ich den enormen Gewinn von Lerncoaching für die Professionalisierung von Lehrenden in heterogenen Lerngruppen begründen (vgl. Müller-Lehmann 2019).

Insgesamt sind aber noch große Forschungslücken in Bezug auf Lerncoaching in Schulen zu verzeichnen. In erster Linie sollte die *Wirkung des Coachings* bei der Zielgruppe – den Schülerinnen und Schülern – untersucht werden. Als Forschungsmethoden könnten dabei qualitative Verfahren passend erscheinen, die die Bedeutung des Coachings bei der Zielgruppe direkt erhebt; es sind aber auch quantitative Methoden sinnvoll. Interessant wäre auch eine Erhebung in Bezug auf die *tatsächliche Praxis des Lerncoachings* in Bezug auf seine Konzepte und der Praxen der Deputatsanrechnung der Lehrkräfte an den verschiedenen Schularten in den unterschiedlichen Bundesländern.

Ich sehe darüber hinaus einen Mangel an Forschung, die die Akteure der Praxis in den Forschungsprozess miteinbezieht, also *partizipativer* Lehr-Lern-Forschung an Schulen. Im Bildungssystem findet momentan ein bedeutsamer Wandel statt, der Veränderungen auf allen Ebenen des Systems mit sich bringt (vgl. Hellmer; Wittek 2013, S. 9f.). Die Heterogenität der Schüler(innen)schaft, aber auch die Digitalisierung befördern diese Veränderungen; dies habe ich in Kapitel 1 und 7 versucht zu begründen. Wenn nach Innovationen gesucht wird, richtet sich der Blick mittlerweile oftmals auf die Einzelschule (vgl. Reh 2010, S. 141, siehe auch Holtappels 2013, S. 53 ff). Dies bedeutet aber auch, dass »Innovationen [momentan im Bildungssystem weitgehend] *ohne* Forschung« (Reinmann 2005, S. 52, Hervorhebung S. M.-L.) generiert werden. Eine entwicklungsorientierte Bildungsforschung müsste allerdings die Akteure der Innovation einbeziehen.

Wenn Bildungsforschung den Anspruch hat, Innovationen nicht nur zu untersuchen, sondern zu befördern und zu generieren, muss Forschung *mit* den Menschen der Bildungspraxis betrieben werden, um *für die Praxis* Entwicklungen wissenschaftlich zu unterstützen und gleichzeitig auch *Wissen für die Bildungstheorie* zu generieren.

Danksagung

Hiermit möchte ich allen Co-Forscherinnen und Co-Forschern der Glemstalschule Schwieberdingen Hemmingen für ihre Mitarbeit danken, ohne die das Praxisforschungsprojekt zum Lerncoaching und damit dieses Buch nicht möglich gewesen wäre.

Literatur

Wissenschaftliche Literatur

Altrichter, Herbert (1990): Ist das noch Wissenschaft? Darstellung und wissenschaftstheoretische Diskussion einer von Lehrern betriebenen Aktionsforschung. München: Profil.

Altrichter, Herbert (2012): Was wissen wir über Lehrerhandeln in Schulentwicklungsprozessen? In: Pädagogik Jg. 64, Heft 7-8, 76-81.

Altrichter, Herbert; Feindt, Andreas (2004): Handlungs- und Praxisforschung. In: Helsper, Werner; Böhme, Jeanette (Hrsg.): Handbuch der Schulforschung. Wiesbaden: VS Verlag für Sozialwissenschaften, 417-435.

Altrichter, Herbert; Posch, Peter (2007): Lehrerinnen und Lehrer erforschen ihren Unterricht. 4. Auflage. Bad Heilbrunn: Julius Klinkhardt.

Bamberger, Günter G. (2004): Beratung unter lösungsorientierten Perspektive. In: Nestmann, Frank; Engel, Frank; Sickendeik, Ursel (Hrsg.): Das Handbuch der Beratung. Band 2: Ansätze, Methoden und Felder, Tübingen: dgvt-Verlag, 737-748.

Bastian, Johannes (2010): Pädagogische Schulentwicklung. In: Bohl, Thorsten; Helsper, Werner; Holtappels, Heinz Günter, Schelle (Hrsg.): Handbuch Schulentwicklung, Bad Heilbrunn: Verlag Julius Klinkhardt, 93-95.

Bastian, Johannes; Hellrung, Miriam (2011): Schüler beim Lernen beraten. Lernprozessberatung im individualisierten Unterricht. In: Pädagogik 63 (2), 6-9.

Bastian, Johannes; Combe, Arno; Reh, Sabine (2002): Professionalisierung und Schulentwicklung. In: Zeitschrift für Erziehungswissenschaft. 5 (3), 417-435.

Bauer, Joachim (2005): Das Gedächtnis des Körpers. München: Piper.

Bauer, Mark (2015): Unsicherheiten Lehramtsstudierender im Umgang mit Heterogenität. Eine Interview-Studie mit Studierenden der Universität Tübingen und der Pädagogischen Hochschule Ludwigsburg. Unveröffentlichte Masterarbeit. Eingereicht bei Bohl, Thorsten am 04.09. 2015.

Baumert, Jürgen; Kunter, Mareike (2006): Stichwort: Professionelle Kompetenz von Lehrkräften. In: Zeitschrift für Erziehungswissenschaft. 9. Jg. Heft 4, 469-520.

Bennemann, Eva-Maria; Schönknecht, Gudrun (2016): Pädagogische Professionalität. Die Einführung der Gemeinschaftsschule – Neue Anforderungen an die Lehrerprofessionalität. In: Forschungsgruppe Wissenschaftliche Begleitforschung Gemeinschaftsschulen Baden-Württemberg: Abschlussbericht (Kurzfassung). Tübingen: Eberhard Karls Universität, 19-20. Online verfügbar unter: https://www.ph-heidelberg.de/uploads/media/WissGem_Kurzbericht_Januar_2016.pdf [09.09.2016].

Bergold, Jarg; Thomas, Stefan (2012): Partizipative Forschungsmethoden. Ein methodischer Ansatz in Bewegung, Abs. 1-110. In: FQS Forum: Qualitative Social Research. O. Ort. Online verfügbar unter: http://www.qualitative-research.net/index.php/fqs/article/view/1801/3332 [25.03.2016].

Bohl, Thorsten (2013): Charakteristika und Wirksamkeit unterschiedlicher Schulsysteme. In: ders; Meissner, Sibylle (Hrsg.) (2013): Expertise Gemeinschaftsschule. Forschungsergebnisse und Handlungsempfehlungen für Baden-Württemberg. Weinheim und Basel: Beltz Verlag, 95-110.

Bohl, Thorsten; Wacker, Albrecht (2016a): Schulsystem und Gemeinschaftsschule in Baden-Württemberg. In: dies. (Hrsg.): Die Einführung der Gemeinschaftsschule in Baden-Württemberg. Abschlussbericht der wissenschaftlichen Begleitforschung (WissGem). Münster, New York: Waxmann, 27-46.

Bohl, Thorsten; Wacker, Albrecht; et al. (2016b): Begleitforschung an zehn Gemeinschaftsschulen: Zum Design des Teilprojektes 1. In: Forschungsgruppe Wissenschaftliche Begleitforschung Gemeinschaftsschulen Baden-Württemberg: Abschlussbericht (Kurzfassung). Tübingen: Eberhard Karls Universität, 17-18. Online verfügbar unter: https://www.ph-heidelberg.de/uploads/media/WissGem_Kurzbericht_Januar_2016.pdf [09.09.2016].

Borg-Laufs, Michael (2004): Verhaltensberatung nach dem kognitiv-behaviorstischen Modell. In: Nestmann, Frank; Engel, Frank; Sickendeik, Ursel (Hrsg.): Das Handbuch der Beratung. Band 2: Ansätze, Methoden und Felder, Tübingen: dgvt-Verlag, 629-640.

Böheim-Galehr; Beck, Erwin; Marte-Stefani, Evelyn; Schratz, Michael (2015): Schule der 10- bis 14-Jährigen in Vorarlberg: Empfehlungen und zentrale Ergebnisse. O. Ort, 1-12. Online verfügbar unter: http://presse.vorarlberg.at/land/servlet/AttachmentServlet?action=show&id=24815 [25.03.2016].

Böning, Uwe (2005): Coaching: Der Siegeszug eines Personalentwicklungs-Instruments – Eine 15-Jahres-Bilanz. In: Rauen, Christopher (Hrsg.): Handbuch Coaching. Göttingen, Bern (u. a.): Hogrefe Verlag; 21-54.

Böning, Uwe; Kegel, Claudia (2015): Ergebnisse der Coaching-Forschung. Aktuelle Studien – ausgewertet für die Coaching-Praxis. Heidelberg: Springer Medizin.

Bönsch, Manfred (2015): Die neuen Sekundarschulen und ihre Pädagogik: Grundstrukturen und Gestaltungsideen. Weinheim und Basel: Beltz Juventa.

Bräu, Karin (2007): Die Beratung von Schülern im individualisierten Unterricht der Sekundarstufe. Strategien und Handlungsmuster der Lehrenden. In: Rabenstein, Kerstin; Reh, Sabine (Hrsg.): Kooperatives und selbständiges Arbeiten von Schülern. Zur Qualitätsentwicklung von Unterricht. Wiesbaden: VS Verlag für Sozialwissenschaften, 173-195.

Bräu, Karin (2015): Schüler-Lehrergespräche-Lernberatung. In: de Boer, Heike; Bonanati, Marina (Hrsg.): Gespräche über Lernen – Lernen im Gespräch. Wiesbaden: Springer VS, 125-142.

Brunner, Ewald Johannes (2004): Systemische Beratung. In: Nestmann, Frank; Engel, Frank; Sickendeik, Ursel (Hrsg.): Das Handbuch der Beratung. Band 2: Ansätze, Methoden und Felder, Tübingen: dgvt-Verlag, 655-661.

Burow, Olaf-Axel (2015): Pädagogik 3.0. Die digitale Zukunft der Schule und des Lernens. In: Pädagogik 2/15, S. 34-37.

Cramer, Colin (2012): Entwicklung von Professionalität in der Lehrerbildung. Empirische Befunde zu Eingangsbedingungen, Prozessmerkmalen und Ausbildungserfahrungen Lehramtsstudierenden. Bad Heilbrunn: Verlag Julius Klinkhardt.

DBVC. Deutscher Bundesverband Coaching e.V. (o. J.): Definition Coaching. O. Ort. Online verfügbar unter: http://www.dbvc.de/der-verband/ueber-uns/definition-coaching.html [07.09.2016].

Dietz, Alexandra; Noller, Sonja (2016): Das Coaching an der Glemstalschule. Unveröffentlichtes Manuskript der Steuergruppe der Glemstalschule Schwieberdingen. Schwieberdingen: Ohne Verlag, 1.

Elsner, Björn; Amerein, Bärbel, Kasüschke, Dagmar (2016): Schule als Lebensraum. Eine sozialraum- und akteursorientierte Analyse an drei Gemeinschaftsschulen. In: Forschungsgruppe Wissenschaftliche Begleitforschung Gemeinschaftsschulen Baden-Württemberg: Abschlussbericht (Kurzfassung). Tübingen: Eberhard Karls Universität, 57-59. Online verfügbar unter: https://www.ph-heidelberg.de/uploads/media/WissGem_Kurzbericht_Januar_2016.pdf [09.09.2016].

Eschelmüller, Michele (2007): Lerncoaching. Vom Wissensvermittler zum Lernbegleiter. Grundlagen und Praxishilfen. Mülheim an der Ruhr: Verlag an der Ruhr.

Fauser, Peter; Prenzel, Manfred; Schratz, Michael (2007): Was für Schulen! Konzepte, Profile und Dynamik guter Schulen. In: dies. (Hrsg.): Der Deutsche Schulpreis 2007. Was für Schulen! Profile, Konzepte und Dynamik guter Schulen in Deutschland. Seelze-Velber: Kammeyer in Verbindung mit Klett, 7-27.

Foucault, Michel (1994): Überwachen und Strafen: Die Geburt des Gefängnisses. Frankfurt am Main: Suhrkamp.

Fend, Helmut (2000): Entwicklungspsychologie des Jugendalters. Opladen: Leske + Budrich.

Fischer-Epe, Maren (2013): Coaching: Miteinander Ziele erreichen. 3. Auflage. Reinbek bei Hamburg: Rowohlt.

Flick, Uwe (2012): Qualitative Sozialforschung. Eine Einführung. 5. Auflage. Reinbek bei Hamburg: Rowohlt.

Flick, Uwe; Kardoff, Ernst von; Steinke, Ines (2015): Was ist qualitative Forschung? Einleitung und Überblick. In: dies.: Qualitative Forschung. Ein Handbuch. 11. Auflage. Reinbek bei Hamburg: Rowohlt, 13-29.

Forschungsgruppe WissGem (2016): Zusammenfassung, Diskussion und Empfehlungen. In: Forschungsgruppe Wissenschaftliche Begleitforschung Gemeinschaftsschulen Baden-Württemberg: Abschlussbericht (Kurzfassung). Tübingen: Eberhard Karls Universität, 69-76. Online verfügbar unter: https://www.ph- heidelberg.de/uploads/media/WissGem_Kurzbericht_Januar_2016.pdf [09.09.2016].

Friedrichsdorf, Joachim; Theune, Cornelia (o. J.): Persönliches Coaching. Tübingen. Online verfügbar unter: http://www.gss-tuebingen.de/index.php?id=331 [25.03.2016].

Fussangel, Kathrin; Gräsel, Cornelia (2014): Forschung zur Kooperation im Lehrerberuf. In: Terhart, Ewald; Bennewitz, Hedda; Rothland, Martin (Hrsg.): Handbuch der Forschung zum Lehrerberuf. 2. überarb. u. erw. Aufl. Münster und New York: Waxmann, 846-864.

Gerstenmaier, Jochen (2004): Konstruktivistisch orientierte Beratung. In: Nestmann, Frank; Engel, Frank; Sickendeik, Ursel (Hrsg.):Das Handbuch der Beratung. Band 2: Ansätze, Methoden und Felder, Tübingen: dgvt-Verlag, 675-690.

Gläser-Zikuda, Michaela (2010): Lernvoraussetzungen diagnostizieren und Fördermaßnahmen realisieren. In: Bohl, Thorsten, Helsper, Werner et al. (Hrsg.): Handbuch Schulentwicklung. Bad Heilbrunn: Verlag Julius Klinkhardt, S. 369-376.

Glemstalschule Gemeinschaftsschule Schwieberdingen-Hemmingen (o. J.): Pädagogische Grundzüge. Schwieberdingen. Online Verfügbar unter: http://www.glemstalschule.de/index.php?id=39 [08.09.2016].

Greif, Siegfried (2005): Vorwort. In: Rauen, Christopher (Hrsg.): Handbuch Coaching. 3. überarb. und erw. Auflage. Göttingen, Bern (u. a.): Hogrefe Verlag, 11-18.

Grewe, Norbert (2015): Entwicklungstendenzen in der schulischen Beratung. In: ders. (Hrsg.): Praxishandbuch Beratung in der Schule. Grundlagen, Methoden und Fallbeispiele. 3. überarbeitete und erweiterte Aufl. Köln: Wolters Kluwer, 3-17.

Grieder, Sandra Kay (2006): Emotionen von Berufsschülern bei selbstreguliertem Lernen – Eine Interventionsstudie. Universität Basel. Online verfügbar unter: https://edoc.unibas.ch/451/ [06.04.2018].

Gürtler, Tina; Perels, Franziska; Schmitz, Bernhard; Bruder, Regina (2002): Training zur Förderung selbstregulativer Fähigkeiten in Kombination mit Problemlösen in Mathematik. In: Prenzel, Manfred; Doll, Jörg (Hrsg.): Bildungsqualität von Schule: Schulische und außerschulische Bedingungen mathematischer, naturwissenschaftlicher und überfachlicher Kompetenzen. Zeitschrift für Pädagogik. 45. Beiheft, Weinheim und Basel: Beltz Verlag, 222-239.

Hammen-Berner, Bettina (2016): Stärken stärken – Schwächen schwächen. Lerncoaching im Fokus. Coaching an Gemeinschaftsschulen Baden-Württembergs – Einblicke in die Praxis. Unveröffentlichte PPT, verteilt über das Staatliche Schulamt Ludwigsburg, ohne Verlag, 1-40.

Hardeland, Hanna (2015): Lerncoaching und Lernberatung. Lernende in ihrem Lernprozess wirksam begleiten und unterstützen. Ein Buch zur (Weiter-) Entwicklung der theoretischen und praktischen (Lern-)Coachingkompetenz. 4. korr. Auflage. Baltmannsweiler: Schneider Verlag Hohengehren.

Hascher, Tina (2007): Lerntagebuch und Lernportfolio – Ermöglichung echter Lernzeit. In: Gläser-Zikuda, Michaela; Hascher, Tina (Hrsg.): Lernprozesse dokumentieren, reflektieren und beurteilen: Lerntagebuch und Lernportfolio in Bildungsforschung und Bildungspraxis. Bad Heilbrunn: Klinkhardt, 295-301.asselhorn, Marcus; Labuhn, Andju S. (2008): Metakognition und selbstreguliertes Lernen. In: Schneider, Wolfgang; Hasselhorn, Marcus (Ed.): Handbuch der Pädagogischen Psychologie, Bd. 10; Göttingen: Hogrefe, 28-37.

Hattie, John (2015): Lernen sichtbar machen: überarbeitete deutschsprachige Ausgabe von »Visible Learning«. Besorgt von Wolfgang Beywl und Klaus Zierer. 3. erw. Aufl., Baltmannsweiler: Schneider Hohengehren.

Heinrich, Martin; Urban, Michael; Werning, Rolf (2013): Grundlagen, Handlungsstrategien und Forschungsperspektiven für die Ausbildung und Professionalisierung von Fachkräften für inklusive Schulen. In: Döbert, Hans; Weishaupt, Horst (Hrsg.): Inklusive Bildung professionell gestalten. Situationsanalyse und Handlungsempfehlungen. Münster: Waxmann, S. 69-134.

Helfferich, Cornelia (2011): Die Qualität qualitativer Daten. Manual für die Durchführung qualitativer Interviews. 4. Auflage. Wiesbaden: VS Verlag für Sozialwissenschaften.

Hellmer, Julia; Wittek, Doris (2013): Vorwort. In: (dies.): Schule im Umbruch begleiten. Studien zur Bildungsgangforschung, Bd. 33. Opladen, Berlin, Toronto: Verlag Barbara Budrich, 9-16.

Hellrung, Miriam (2008): Lernen durch Erfahrung. Professionalisierung von Lehrerinnen und Lehrern im Schulentwicklungsprozess. In: Koller, Hans-Christoph (Hrsg.): Sinnkonstruktion und Bildungsgang. Zur Bedeutung individueller Sinnzuschreibungen im Kontext schulischer Lehr-Lern-Prozesse. Opladen & Farmington Hills: Verlag Barbara Budrich, 138-201.

Hellrung, Miriam (2010): Lehrerhandeln im individualisierten Unterricht. Entwicklungsaufgaben und ihre Bewältigung. Opladen und Farmington Hills, MI: Verlag Barbara Budrich.

Helsper, Werner (2002): Lehrerprofessionalität als antinomische Handlungsstruktur. In: Kraul, Margret; Marotzki, Winfried; Schweppe, Cornelia (Hrsg.): Biographie und Profession. Bad Heilbrunn: Julius Klinkhardt, 64-102.

Helsper, Werner (2004): Antinomien, Widersprüche, Paradoxien: Lehrerarbeit – ein unmögliches Geschäft? Eine strukturtheoretisch-rekonstruktive Perspektive auf Lehrerhandeln. In: Koch-Priewe, Barbara; Kolbe, Fritz-Ulrich; Wildt, Johannes (Hrsg.): Grundlagenforschung und mikrodidaktische Reformansätze zur Lehrerbildung. Bad Heilbrunn: Klinkhardt, 49-99.

Helsper, Werner (2014): Lehrerprofessionalität – der strukturtheoretische Professionsansatz zum Lehrberuf. In: Terhart, Ewald; Bennewitz, Hedda; Rothland, Martin (Hrsg.): Handbuch der Forschung zum Lehrerberuf. 2. überarb. u. erw. Aufl. Münster und New York: Waxmann, 216-240.

Hericks, Uwe (2006): Professionalisierung als Entwicklungsaufgabe. Rekonstruktionen zur Berufseinstiegsphase von Lehrerinnen und Lehrern. Wiesbaden: VS Verlag für Sozialwissenschaften.

Hericks, Uwe; Stelmaszyk, Bernhard (2010): Professionalisierungsprozesse während der Berufsbiographie. In: Bohl, Thorsten; Helsper, Werner; Holtappels, Heinz Günter, Schelle (Hrsg.): Handbuch Schulentwicklung, Bad Heilbrunn: Verlag Julius Klinkhardt, 231-237.

Herringer, Norbert (2002): Empowerment- Brückenschläge zur Gesundheitsförderung. In: Bundesvereinigung für Gesundheit (Hrsg.): Loseblattwerk »Gesundheit: Strukturen und Arbeitsfelder«. Ergänzungslieferung 4, Neuwied: Luchterhand-Verlag, 1-24. Online verfügbar unter: http://www.empowerment.de/empowerment.de/files/Materialie-2-Empowerment-Brueckenschlaege-zur-Gesundheitsfoerderung.pdf [09.09.2016].

Herringer, Norbert (2014): Empowerment in der Sozialen Arbeit, 5. überarb. und erw. Aufl., Stuttgart: Kohlhammer.

Heymann, Hans Werner (2013): Bildungstheoretische Grundlagen, Leitbild der Gemeinschaftsschule. In: Bohl, Thorsten, Meissner, Sibylle (Hrsg.): Expertise Gemeinschaftsschule. Forschungsergebnisse und Handlungsempfehlungen für Baden-Württemberg. Weinheim und Basel: Beltz Verlag, 31-46.

Holtappels, Heinz Günter (2010): Schule als Lernende Organisation. In: Bohl, Thorsten; Helsper, Werner; Holtappels, Heinz Günter, Schelle (Hrsg.): Handbuch Schulentwicklung, Bad Heilbrunn: Verlag Julius Klinkhardt, 99-105.

Holtappels, Heinz Günter (2013): Innovation in Schulen – Theorieansätze und Forschungsbefunde zur Schulentwicklung. In: Rürup, Matthias; Bormann, Inka (Hrsg.): Innovationen im Bildungswesen. Analytische Zugänge und empirische Befunde. Wiesbaden: Springer VS, 45-69.

Hopf, Christel (2015): Forschungsethik und qualitative Forschung. In: Flick, Uwe; Kardoff, Ernst von; Steinke, Ines (Hrsg.): Qualitative Forschung. Ein Handbuch. 11. Auflage. Reinbek bei Hamburg: Rowohlt, 589-600.

Idel, Till-Sebastian (2010): Fallstudien und Hermeneutisch-rekonstruktive Schulforschung. In: Bohl, Thorsten; Helsper, Werner; Holtappels, Heinz Günter, Schelle (Hrsg.): Handbuch der Schulentwicklung, Bad Heilbrunn: Verlag Julius Klinkhardt, 138-140.

Jeggle, Maria (2018): Welches Abitur brauchen wir? Lernen in der Oberstufe. In: bildung & wissenschaft – Zeitschrift der Gewerkschaft Erziehung und Wissenschaft Baden-Württemberg 04/2018, S. 13-14.

Keller-Schneider, Manuela (2010): Entwicklungsaufgaben im Berufseinstieg von Lehrpersonen: Beanspruchung durch berufliche Herausforderungen im Zusammenhang mit Kontext- und Persönlichkeitsmerkmalen. Münster, München, Berlin (u. a.): Waxmann.

Keller-Schneider, Manuela; Hericks, Uwe (2011): Forschungen zum Berufseinstieg. Übergang von der Ausbildung in den Beruf. In: Terhart, Ewald; Bennewitz, Hedda; Rothland, Martin (Hrsg.): Handbuch der Forschung zum Lehrerberuf. Münster (u. a.): Waxmann, 296-313.

Klauß, Theo (2013): LehreInnenbildung und Inklusion in Baden-Württemberg. In Feuser, Georg; Maschke, Thomas (Hrsg.): Lehrerbildung auf dem Prüfstand. Welche Qualifikationen braucht die inklusive Schule? Gieße: Psychosozialverlag, S. 213-228.

Klieme, Eckhard; Avenarius, Hermann; Blum, Werner; Döbrich, Peter; Gruber, Hans; Prenzel, Manfred; Reiss, Kristina; Rickarts, Kurt; Rost, Jürgen; Tenorth, Heinz-Elmar; Vollmer, Hemut J. (2007): Zur Entwicklung nationaler Bildungsstandards. Eine Expertise. In: Bundesministerium für Bildung und Furschung (BMBF) (Hrsg.): Zur Entwicklung nationaler Bildungsstandards. Band 1, 7-174.

Klieme, Eckhard; Jude, Nina; Baumert, Jürgen; Prenzel, Manfred (2010): PISA 2000-2009: Bilanz der Veränderungen im Schulsystem. In: Klieme, Eckhard, Artelt, Cordula; Hartig, Johannes; Jude, Nina; Köller, Olaf; Prenzel, Manfred; Schneider, Wolfgang; Stanat, Petra (Hrsg.): PISA 2009. Bilanz nach einem Jahrzehnt. Münster, New York, München, Berlin: Waxmann, 277-300.

Koch, Hans Konrad (2006): »Erwartungen der Bildungspolitik«. Beitrag zur Tagung »Zur Lage der Erziehungswissenschaft« der Deutschen Gesellschaft für Erziehungswissenschaft (DGfE) am 20.1. 2006. In: Erziehungswissenschaft, Jg. 17, H. 33, 14-24.

Kopp, Antje (2018): Ich brenne für diese Schulart. Fünf Jahre Gemeinschaftsschule. In: bildung und wissenschaft – Zeitschrift der Gewerkschaft Erziehung und Wissenschaft Baden-Württemberg 01-02/2018, 22-23.

Krotz, Friedrich (2005): Neue Theorien entwickeln. Eine Einführung in die Grounded Theory, die Heuristische Sozialforschung und die Ethnographie anhand von Beispielen aus der Kommunikationsforschung. Köln: Herbert von Halem Verlag.

Kucharz, Dietmut; Irion, Thomas; Reinhoffer, Bernd (2011): Übergänge – Grundlegende Bildung ohne Brüche. In: dies. (Hrsg.): Grundlegende Bildung ohne Brüche. Wiesbaden: Verlag für Sozialwissenschaften, 11-19.

Kuhl, Julius; Schwer, Christina; Solzbacher, Claudia (2014): Professionelle pädagogische Haltung: Versuch einer Definition des Begriffes und ausgewählte Konsequenzen für Haltung. In: Schwer, Christina, Solzbacher, Claudia (Hrsg.): Professionelle pädagogische Haltung. Historische, theoretische und empirische Zugänge zu einem viel strapazierten Begriff. Osnabrück: Julius Klinkhardt, 107-120.

Kuhl, Julius; Künne, Thomas; Aufhammer, Frank (2011): Wer sich angenommen fühlt, lernt besser: Begabungsförderung und Selbstkompetenzen. In: Kuhl, Julius; Müller-Using, Susanne; Solzbacher, Claudia; Warnecke, Wiebke (Hrsg.): Bildung braucht Beziehung. Selbstkompetenz stärken – Begabungen entfalten. Freiburg i. Brsg.: Herder, 15-27.

Kultusministerkonferenz und Hochschulrektorenkonferenz (2015): Lehrerbildung in einer Schule der Vielfalt. Gemeinsame Empfehlung von Hochschulrektorenkonferenz und Kultusministerkonferenz. Online verfügbar unter: https://www.kmk.org/fileadmin/Dateien/veroeffentlichungen_beschluesse/2015/2015_03_12-Schule-der-Vielfalt.pdf [02.04.2018].

Kunter, Mareike; Baumert, Jürgen; Blum, Werner; Klusmann, Uta; Krauss, Stefan; Neubrand Michael (Hrsg.) (2011): Professionelle Kompetenz von Lehrkräften: Ergebnisse des Forschungsprogramms COACTIV. Münster, München, Berlin u. a.: Waxmann.

Kunze, Ingrid; Solzbacher, Claudia (2010): Umgang mit Heterogenität, Differenzierung, Individualisierung. In: Bohl, Thorsten, Helsper, Werner et al. (Hrsg.): Handbuch Schulentwicklung. Bad Heilbrunn: Verlag Julius Klinkhardt, S. 329-332.

Kurtz, Tanja; Watermann, Rainer; Klingebiel, Franz; Szczesny, Markus (2010): Das emotionale Erleben des Grundschulübergangs und die Rolle der elterlichen Unterstützung. In: Maaz, Kai; Baumert, Jürgen; Gresch, Cornelia; Mc Elvany, Nele (Hrsg.): Der Übergang von der Grundschule in die weiterführende Schule. Leistungsgerechtigkeit und regionale, soziale und ethnisch-kulturelle Disparitäten. Bildungsforschung Bd. 34. Bonn, Berlin, 331-383.

Laake, Andrea (2012): Schülercoaching in der Schulpraxis. Individuell fördern und begleiten nach dem Mündener Modell. Berlin: Cornelsen Verlag.

Laborschule Versuchsschule des Landes Nordrhein-Westfalen an der Universität Bielefeld (o. J.): Veröffentlichungen aus der und über die Laborschule, Bielefeld. Online verfügbar unter: http://www.uni-bielefeld.de/LS/laborschule_neu/veroeffentlichungen.html#top [08.09. 2016].

Lamnek, Siegfried (2005a): Qualitative Sozialforschung. Lehrbuch. 4., vollständig überarbeitete Auflage. Weinheim, Basel: Beltz.

Lamnek, Siegfried (2005b): Gruppendiskussion. Theorie und Praxis. 2. Auflage, Weinheim und Basel: 2005.

Landesinstitut für Schulentwicklung (LS) (2014): Lerncoaching. Unterstützung des individuellen Lernprozesses. NL-24. Stuttgart: Landesinstitut für Schulentwicklung.

Landesinstitut für Schulentwicklung (LS) (2015): Bildungsberichterstattung 2015. Stuttgart: Landesinstitut für Schulentwicklung.

Leitz, Iris (2015): Motivation durch Beziehung. Wiesbaden: Springer VS.

Lipowsky, Frank (2006): Auf den Lehrer kommt es an. Empirische Evidenzen für Zusammenhänge zwischen Lehrerkompetenzen, Lehrerhandeln und Lernen der Schüler. In: Allemann-Ghionda, Christina; Terhart, Ewald (Hrsg.): Kompetenzen und Kompetenzentwicklung von Lehrerinnen und Lehrern: Ausbildung und Beruf. Zeitschrift für Pädagogik. 51. Beiheft. Weinheim und Basel: Beltz Verlag, 47-70.

Mackowiak, Katja (2011): Übergänge – Herausforderung oder Überforderung? In: Kucharz, Dietmut; Irion, Thomas; Reinhoffer, Bernd (Hrsg.): Grundlegende Bildung ohne Brüche. Wiesbaden: Verlag für Sozialwissenschaften, 21-29.

Mayring, Philipp (2002): Einführung in die qualitative Sozialforschung. Eine Anleitung zum qualitativen Denken. Weinheim und Basel: Beltz.

Mayring, Philipp (2012): Mixed Methods – ein Plädoyer für gemeinsame Forschungsstandards qualitativer und quantitativer Forschung. Ziegelbauer, Sascha (Hrsg.): Mixed Methods in der empirischen Sozialforschung. Münster, Berlin, München u. a.: Waxmann, 287-300.

Mayring, Philipp (2015): Qualitative Inhaltsanalyse. Grundlagen und Techniken. 12., überarbeitete Auflage. Weinheim und Basel: Beltz.

Martin, Pierre-Yves; Nicolaisen Torsten (Hrsg.) (2015): Lernstrategien fördern. Modelle und Praxiszenarien. Weinheim und Basel: Beltz Juventa.

Mäthner, Eveline; Jansen, Anne; Bachmann, Thomas (2005): Wirksamkeit und Wirkfaktoren von Coaching. In: Rauen, Christopher (Hrsg.): Handbuch Coaching. Göttingen, Bern (u. a.): Hogrefe Verlag, 55-75.

Meissner, Sibylle; Merk, Samuel; Pietsch, Marcus; Bohl, Thorsten (2016): *Unterrichtsqualität. Ergebnisse quantitativer und qualitativer Untersuchungen zur Qualität unterrichtlicher Prozesse an ausgewählten Gemeinschaftsschulen.* In: Forschungsgruppe Wissenschaftliche Begleitforschung Gemeinschaftsschulen Baden-Württemberg: Abschlussbericht (Kurzfassung). Tübingen: Eberhard Karls Universität, 23-27. Online verfügbar unter: https://www.ph-heidelberg.de/uploads/media/WissGem_Kurzbericht_Januar_2016.pdf [09.09.2016].

Meyer, Debra K.; Turner, Julianne C. (2002): Discovering emotion in classroom motivation research. In: Educational Psychologist, 37, 107-114.

Migge, Björn (2005): Handbuch Coaching und Beratung. Wirkungsvolle Modelle, kommentierte Falldarstellungen, zahlreiche Übungen. Weinheim und Basel: Beltz Verlag.

Ministerium für Kultus, Jugend und Sport Baden-Württemberg (a) (o. J.): Gemeinschaftsschule Baden-Württemberg. Handreichung zur Beantragung einer Gemeinschaftsschule, gültig ab 1. März 2016. Online verfügbar unter: https://anmelden.kultus-bw.de/site/pbs-bw-new/get/documents/KULTUS.Dachmandant/KULTUS/KM-Homepage/Gemeinschaftsschule%202015/Handreichung_GMS.pdf [07.09.2016].

Ministerium für Kultus, Jugend und Sport Baden-Württemberg (b) (o. J.): *Antworten auf häufig gestellte Fragen zur Gemeinschaftsschule*, Stuttgart. Online verfügbar unter: http://www.gms-leu.de/Bilder/gms/2013-02-19%20Fragen%20und%20Antworten%20GMS.pdf [07.09.2016].

Ministerium für Kultus, Jugend und Sport Baden-Württemberg (c) (o. J.): *Tätigkeits- und Anforderungsprofil für Beratungslehrerinnen.* Online verfügbar unter: http://www.km-bw.de/,Lde_DE/Startseite/Ministerium/Beratungslehrerin?QUERYSTRING=Beratungslehrer [07.09.2016].

Ministerium für Kultus, Jugend und Sport Baden-Württemberg (d) (o. J.): 28 weitere Gemeinschaftsschulen im Schuljahr 2016/17. Online verfügbar unter: http://www.km-bw.de/,Lde/Startseite/Service/01_02_2016+Gemeinschaftsschulen+Start+zum+Schuljahr+2016_2017 [08.09.2016].

Müller, Andreas (2008): Mehr ausbrüten, weniger gackern. Denn lernen heisst: Freude am Umgang mit Widerständen. Bern: hep Verlag.

Müller, Kathrin (2018): Schülerberatung als Diagnose-Setting zur adaptiven Unterrichtsgestaltung. In: Gemeinsam leben. Zeitschrift für Inklusion, 02/2018, S. 95-104.

Müller-Lehmann, Silke (2019): Lerncoaching von Schülerinnen und Schülern – Chance und Herausforderung für den professionellen Umgang mit Heterogenität und Inklusion. In: Kleinbub, Iris; Müller, Beate; Müller, Kathrin (Hrsg.): Individuelles und gemeinsames schulisches Lernen. Forschungsbeiträge zu einer strukturierten Unterrichtsgestaltung bei heterogenen Lernvoraussetzungen. Basel und Weinheim: Beltz Juventa, S. 152-156.

Nicolaisen, Torsten (2013): Lerncoaching-Praxis. Coaching in pädagogischen Arbeitsfeldern. Weinheim und Basel: Beltz Juventa.

Pallasch, Waldemar; Hameyer, Uwe (2008): Lerncoaching. Theoretische Grundlagen und Praxisbeispiele zu einer didaktischen Herausforderung. Weinheim und München: Juventa.

Pallasch, Waldemar; Hameyer, Uwe (2012): Lerncoaching. Theoretische Grundlagen und Praxisbeispiele zu einer didaktischen Herausforderung. 2. Auflage. Weinheim und Basel: Beltz Juventa.

Perkhofer-Czapek, Monika; Potzmann, Renate (2016): Begleiten, Beraten und Coachen. Der Lehrerberuf im Wandel. . Wiesbaden: Springer VS.

Prengel, Annedore (1997): Perspektivität anerkennen – Zur Bedeutung von Praxisforschung in Erziehung und Erziehungswissenschaft. In: Friebertshäuser, Barbara; dies. (Hrsg.): Handbuch Qualitative Forschungsmethoden in der Erziehungswissenschaft. Weinheim, München: Juventa, 599-627.

Prengel, Annedore (2013): Pädagogische Beziehungen zwischen Anerkennung, Verletzung und Ambivalenz. Opladen, Berlin, Toronto: Verlag Barbara Budrich.

Prengel, Annedore; Heinzel, Friederike; Carle, Ursula (2004): Methoden der Handlungs-, Praxis- und Evaluationsforschung. In: Helsper, Werner; Böhme, Jeanette (Hrsg.): Handbuch der Schulforschung. Wiesbaden: VS Verlag für Sozialwissenschaften, 183-199.

Rauen, Christopher (2005): Varianten des Coachings im Personalentwicklungsbereich. In: ders. (Hrsg.): Handbuch Coaching. 3. überarb. und erw. Auflage. Göttingen, Bern (u. a.): Hogrefe Verlag, 111-136.

Reh, Sabine (2010): Fallstudien zu Schulbiographien. In: Bohl, Thorsten; Helsper, Werner; Holtappels, Heinz Günter, Schelle (Hrsg.): Handbuch Schulentwicklung, Bad Heilbrunn: Verlag Julius Klinkhardt, 141-143.

Reich, Kersten (2012): Konstruktivistische Didaktik. Das Lehr- und Studienbuch mit Online-Methodenpool, 5. Auflage, Weinheim und Basel: Beltz Verlag.

Reinmann, Gabi (2005): Innovation ohne Forschung? Ein Plädoyer für den Design-Based-Research-Ansatz in der Lehr-Lernforschung. In: Unterrichtswissenschaft, 1, 52-59.

Reinmann, Gabi (2015): Reader zum Thema entwicklungsorientierte Bildungsforschung. O.Ort, 1-111. Online verfügbar unter: http://gabi-reinmann.de/?page_id=4000 [25.03.2016].

Reusser, Kurt (2009): Von der Bildungs- und Unterrichtsforschung zur Unterrichtsentwicklung – Probleme, Strategien, Werkzeuge und Bedingungen. In: Beiträge zur Lehrerbildung, 27 (3), 295-312.

Richtien, Wolfgang (1998): Beratung. Theorien, Modelle und Methoden. München und Wien: Profil Verlag.

Rogers, Carl R. (1972): Die nicht-direktive Beratung. Counseling and Psychotherapy. 4. Auflage. München: Kindler.

Rolff, Hans-Günter (2010): Schulentwicklung als Trias von Organisations-, Unterrichts- und Personalentwicklung. In: Bohl, Thorsten; Helsper, Werner; Holtappels, Heinz Günter, Schelle (Hrsg.): Handbuch Schulentwicklung, Bad Heilbrunn: Verlag Julius Klinkhardt, 29-36.

Rolff, Hans-Günter (2012): Grundlagen der Schulentwicklung. In: Buhren, Claus G., Rolff, Hans-Günter (Hrsg.): Handbuch Schulentwicklung und Schulentwicklungsberatung, Weinheim und Basel: Beltz, 12-39.

Rux, Michael (2016): GEW Jahrbuch für Lehrerinnen und Lehrer. Schul- und Dienstrecht in Baden-Württemberg. Standardausgabe 2016, Stuttgart: Süddeutscher Pädagogischer Verlag.

Schäfer, Lisa; Reinhoffer, Bernd; Wacker, Albrecht (2016): Schulkultur. Zur Bedeutung der Schulebene für die Implementierung der Gemeinschaftsschule. In: Forschungsgruppe Wissenschaftliche Begleitforschung Gemeinschaftsschulen Baden-Württemberg: Abschlussbericht (Kurzfassung). Tübingen: Eberhard Karls Universität, 21-22. Online verfügbar unter: https://www.ph-heidelberg.de/uploads/media/WissGem_Kurzbericht_Januar_2016.pdf [09.09.2016].

Schmidinger, Elfriede; Hoffmann, Franz; Stern, Thomas (2016): Leistungsbeurteilung unter Berücksichtigung ihrer formativen Funktion Band 2. Fokussierte Analysen bildungspolitischer Schwerpunktthemen. In: Bruneforth, M.; Eder, F.; Krainer, K.; Schreiner, C.; Seel, A.; Spiel, C. (Hrsg.): Nationaler Bildungsbericht Österreich 2015 (S. 59-94). Graz: Leykam. Online verfügbar unter:https://www.bifie.at/wp-content/uploads/2017/05/NBB_2015_Band2_Kapitel_2.pdf [08.09.2015].

Schmidt, Christiane (1997): »Am Material«: Auswertungstechniken für Leitfadeninterviews. In: Friebertshäuser, Barbara; Prengel, Annedore (Hrsg.): Handbuch Qualitative Forschungsmethoden in der Erziehungswissenschaft. Weinheim, München: Juventa., 544-568.

Schnebel, Stefanie (2007): Professionell beraten. Beratungskompetenz in der Schule. Weinheim und Basel: Beltz Verlag.

Schnebel, Stefanie (2017): Professionell beraten. Beratungskompetenz in der Schule. 3. aktualisierte und überarbeitete Auflage. Weinheim und Basel: Beltz Verlag.

Schnebel, Stefanie (2013): Lernberatung, Lernbegleitung, Lerncoaching. Neue Handlungskonzepte in der Allgemeinen Didaktik? In: Bohl, Thorsten (Hrsg.): Jahrbuch für Allgemeine Didaktik 2013. Neuere Ansätze in der Allgemeinen Didaktik, Baltmannsweiler: Schneider Hohengehren, 278-296.

Schöbel, Jürgen (2017): Lerntagebuch – Klasse 5 der Gemeinschaftsschule Schwieberdingen-Hemmingen, Schwieberdingen Hemmingen, 1-97.

Schreyögg, Astrid (2012): Coaching. Eine Einführung für Praxis und Ausbildung. Frankfurt, New York: Campus Verlag.

Schulz von Thun, Friedemann (2013): Einführung. In: Fischer-Epe, Maren: Coaching: Miteinander Ziele erreichen. Reinbek: Rowohlt Taschenbuch Verlag, 9-13.

Schweer, Martin K.W. (2008): Vertrauen im Klassenzimmer. In: ders. (Hrsg.): Lehrer-Schüler-Interaktion. Inhaltsfelder, Forschungsperspektiven und methodische Zugänge. Wiesbaden: Springer VS, 523-546.

Sekretariat der Ständigen Konferenz der Kultusminister der Länder (2004): Standards für die Lehrerbildung: Bildungswissenschaften, Beschluss der Kultusministerkonferenz vom 16.12.2004. O. Ort, 1-13. Online verfügbar unter: http://www.kmk.org/fileadmin/Dateien/veroeffentlichungen_beschluesse/2004/2004_12_16-Standards-Lehrerbildung.pdf [07.0.2016], 1-13.

Siebert, Horst (2005): Pädagogischer Konstruktivismus. Lernzentrierte Pädagogik in Schule und Erwachsenenbildung. Weinheim und Basel: Beltz Verlag.

Sliwka, Anne (2015): Schule in Europa: Dilemma zwischen Einheit und Vielfalt. PPT zum Vortrag, gehalten bei der Tagung ›Herausforderung Zukunft‹ der Konrad Adenauer Stiftung, am 15. 3. 2015, 1-19. Online verfügbar unter: http://www.kas.de/wf/doc/kas_12459-1442-1-30.pdf?140324152845 [04.09. 2016].

Sliwka, Anne (2018): Pädagogik der Jugendphase. Wie Jugendliche engagiert lernen. Weinheim und Basel: Beltz Verlag.

Storch, Maja; Krause Frank (2003): Selbstmanagement – ressourcenorientiert. Grundlagen und Trainingsmanual für die Arbeit mit dem Zürcher Ressourcen Modell. 2. korr. Aufl. Bern: Verlag Hans Huber.

Stoye, Julia (2018): Oase in schwieriger Gegend. In: Erziehung & Wissenschaft 02/2018, 36-37.

Straumann, Ursula E. (2004): Klientenzentrierte Beratung. In: Nestmann, Frank; Engel, Frank; Sickendeik, Ursel (Hrsg.): Das Handbuch der Beratung. Band 2: Ansätze, Methoden und Felder, Tübingen: dgvt-Verlag, 641-654.

Terhart, Ewald (2010a): Heterogenität der Schüler – Professionalität der Lehrer: Ansprüche und Wirklichkeiten. In: Ellger-Rüttgard, Sieglind Luise; Wachtel, Grit (Hrsg.): Pädagogische Professionalität und Behinderung. Herausforderungen aus historischer, nationaler und internationaler Perspektive. Stuttgart: Kohlhammer, 89-104.

Terhart, Ewald (2010b): Schulentwicklung und Lehrerkompetenzen. In: Bohl, Thorsten; Helsper, Werner; Holtappels, Heinz Günter, Schelle (Hrsg.): Handbuch der Schulentwicklung, Bad Heilbrunn: Verlag Julius Klinkhardt, 237-241.

Terhart, Ewald (2011a): Lehrerberuf und Professionalität. Gewandeltes Begriffsverständnis – neue Herausforderungen. In: Helsper, Werner; Trippelt, Rudolf (Hrsg.): Pädagogische Professionalität. Zeitschrift für Pädagogik. 57. Jg. Beiheft. Weinheim u. a.: Beltz, 202-224.

Terhart, Ewald (2011b): Hat John Hattie tatsächlich den heiligen Gral der Schul- und Unterrichtsforschung gefunden? Eine Auseinandersetzung mit Visible Learning. In: Kleiner, Edwin (Hrsg.): Metamorphosen der Bildung. Historie – Empirie – Theorie. Bad Heilbrunn: Klinkhardt, S. 277-292.

Tillmann, Klaus-Jürgen (2010): Der Schritt in die zweigliedrige Sekundarstufe – Aufbruch oder Sackgasse? In: Köker, Anne; Romahn, Sonja; Textor, Annette (Hrsg.): Herausforderung Heterogenität. Ansätze und Weichenstellungen. Bad Heilbrunn: Klinkhardt, 136-145.

Tillmann, Klaus-Jürgen (2011): Schultheorie, Schulentwicklung, Schulqualität. In: Altrichter, Herbert; Helm, Christoph (Hrsg.): Akteure & Instrumente der Schulentwicklung. Bd. 7, Baltmannsweiler: Schneider Verlag Hohengehren, 37-57.

Tillmann, Klaus-Jürgen (2014): Konzepte der Forschung zum Lehrerberuf. In: Terhart, Ewald; Bennewitz, Hedda; Rothland, Martin (Hrsg.): Handbuch der Forschung zum Lehrerberuf. 2. Überarb. U. erw. Aufl. Münster und New York: Waxmann, 308-316.

Trautmann, Matthias; Wischer, Beate (2013): Professionalisierung von Lehrkräften für die Arbeit an Gemeinschaftsschulen. In: Expertise Gemeinschaftsschule. Forschungsergebnisse und Handlungsempfehlungen für Baden-Württemberg. Weinheim und Basel: Beltz Verlag, S. 47-60.

Treutmann, Anke; Schöler, Hermann (2013): Bewertung des Überganges durch Schüler/-innen und Eltern. In: Roos, Jeanette; Schöler, Hermann (Hrsg.): Transitionen in der Bildungsbiographie. Der Übergang vom Primar- zum Sekundarbereich. Wiesbaden: Springer VS, 169-195.

Treidler, Maren; Westphal, Petra; Stroot, Thea (2014): Peer Learning In: Westphal, Petra; Stroot, Thea; Lerche, Eva-Maria; Wiethoff, Christoph (Hrsg.): Peer Learning durch Menroring, Coaching & Co. Aktuelle Wege in der Ausbildung von Lehrerinnen und Lehrern. Immenhausen bei Kassel: Prolog Verlag, 15-20.

Unger, Hella von (2014): Partizipative Forschung. Einführung in die Forschungspraxis. Wiesbaden: Springer VS.

UNICEF (2013): UNICEF-Bericht zur Lage der Kinder in den Industrieländern 2013. Online abrufbar unter https://www.unicef.de/informieren/projekte/europa-1442/deutschland-1554/unicef-bericht-2013/21940 [30.05.2018].

Wahren, Heinz-Kurt E. (2005): Präventive Interventionen vor einem Coaching. In: Rauen, Christopher (Hrsg.): Handbuch Coaching. 3. überarb. und erw. Auflage. Göttingen, Bern (u. a.): Hogrefe Verlag, 137-152.

Wittek, Doris (2013): Heterogenität als Handlungsproblem: Entwicklungsaufgaben und Deutungsmuster von Lehrenden an Gemeinschaftsschulen. Opladen, Berlin (u. a.) : Verlag Barbara Budrich.

Wustmann, Corinna (2004): Resilienz. Widerstandsfähigkeit von Kindern in Tageseinrichtungen fördern. Berlin, Düsseldorf, Mannheim: Cornelsen Scriptor.

Praxisorientierte Literatur und Lerncoaching-Material

Berger, Marianne; Hardeland, Hanna (2017): Coaching und Beratung evaluieren: 36 Impulskarten mit Workbook für die eigene Professionalisierung. Weinheim und Basel: Beltz.

Brägger, Gerold; Hagenauer, Gerda; Hascher, Tina (2017): Kartenset Lernstrategien: 52 Schülerkarten mit Booklet. Ab Klasse 5. Basel und Weinheim: Beltz.

Gräßer, Melanie; Hovermann, Eike; Botved Annika (2015): Ressourcenübungen für Kinder und Jugendliche: Kartenset mit 60 Bildkarten. Mit 12-seitigem Booklet. Basel und Weinheim: Beltz.

Hardeland, Hanna (2017): Lernentwicklungsgespräche in der Grundschule. Ein Praxisleitfaden. Weinheim und Basel: Beltz.

Hardeland, Hanna (2017): Der Klassen-Coach. Lehrst du noch oder coachst du schon? Ein Praxisbuch für die Umsetzung in Sekundarstufe I + II. Baltmannsweiler: Schneider Verlag Hohengehren.

Komarek, Iris, Pagel, Karin (Hrsg.) (2009): Leichter lernen mit ganzheitlichem Lerncoaching: Lerncoaches berichten aus der Praxis. Borsdorf: Winterwork.

Komarek, Iris (2017): Lerncoaching Workbook. 2. Aktualisierte Ausgabe. Online bestellbar unter: https://www.mindsystems.de/institut/b%C3%BCcher-shop/[02.08.2018].

Laake, Andrea (2012): Schülercoaching in der Schulpraxis. Individuell fördern und begleiten nach dem Mündener Modell. Berlin: Cornelsen Verlag.

Landesinstitut für Schulentwicklung (LS) (2014): Lerncoaching. Unterstützung des individuellen Lernprozesses. NL-24. Stuttgart: Landesinstitut für Schulentwicklung.

Lehmann, Kerstin (2015): Lehrer coachen Schüler: Methoden und Arbeitsblätter zur Selbstreflexion, Persönlichkeitsentwicklung und positivem Denken. Mülheim an der Ruhr: Verlag an der Ruhr.

Melzer, Conny; Methner, Andreas (2012): Gespräche führen mit Kindern und Jugendlichen. Methoden schulischer Beratung. Stuttgart: Kohlhammer.

Nicolaisen, Torsten (2013): Lerncoaching-Praxis. Coaching in pädagogischen Arbeitsfeldern. Weinheim und Basel: Beltz Juventa.

Pallasch, Waldemar; Kölln, Detlef (2014): Pädagogisches Gesprächstraining. Lern- und Trainingsprogramm zur Vermittlung pädagogisch-therapeuthischer Gesprächs- und Beratungskompetenz. 9. Auflage. Weinheim und Basel: Beltz Juventa.

Prohaska, Sabine (2013): Coaching in der Praxis: Tipps, Übungen und Methoden für unterschiedliche Coaching-Anlässe. Paderborn: Junfermann Verlag

Serviceagentur Ganztägig Lernen. Hessen (o. J.): Der Lehrer als Lernbegleiter und Coach. Chancen im Ganztag. Frankfurt. Online abrufbar unter: http://www.hessen.ganztaegig-lernen.de/sites/default/files/2009_SAG_Broschuere_Coaching_Doppelseiten.pdf [02.08.2018)

Tiefenthaler, Caroline (2016): Lernen reflektieren: 140 Fragekarten für den Unterricht. Ab Klasse 5. Mit Online-Material. Weinheim und Basel: Beltz.

Abbildungsverzeichnis

Tabellenverzeichnis